こころのスケッチ

かるた遊びのコツ

お正月のお楽しみ
たこ揚げ、羽根つき、こま回し
みんなで囲む、かるた取り

最初はちょっと難しい…
でもみんなで何度もやるうちに…

ほら、たこがあんなに高く揚がったよ！
ほら、羽根つき、10回続いたね！
ほら、こんなに長くこまが回っているよ！

かるた取りのコツはね、
最初の文字をよーく聞くこと
札の位置をしっかり覚えること

お母さん！大きな声で読んでね！

あぁほら、手元の札が読まれたよ！

ken

CONTENTS

特集 ノーマライゼーションと養護教諭の役割

高校における通級による指導の制度化と養護教諭の役割
独立行政法人国立特別支援教育総合研究所
発達生涯教育推進センター上席総括研究員兼センター長　笹森洋樹　14

がん教育を実践するために
東京都新宿区立落合第一小学校主幹養護教諭　若林治代
（協力／東京女子医科大学病院　林 和彦）　21

私の提言
「がん教育」と出会っていたからこそ、
「がん」に立ち向かう生命力が湧いた　　　小林豊茂　9

焦点
- 子どもの心　変化する子どもをそばで支える　　小笠原美知子　10
- 子どもの体　運動部活動の在り方に関する総合的なガイドラインに注目　　鈴木宏哉　11
- 子どもの性　自己肯定のできる「からだの学習」を　　金子由美子　12

連載

子ども健康相談室
トンネリングとは何ですか？／
トンネリングが起こっているときの対処法　　田原俊司　28

ヒヤリハット体験事例から学ぶ
頭部外傷の事例を通して　　リスクマネジメント養護教育研究会　33

子どもの声が聴こえますか
自らを「メンタル弱い」と言う子どもの心　　荻野ゆう子　42

親と子の"心のSOS"
「寂しさ」の触れ合い方がわからない「神戸・座間」事件　　富田富士也　68

子どもの成長を支援する健康相談
「依存先」を増やし、主体者として自立していく子どもを育てる
　　　大谷尚子　中川裕子　70

いのちの教育
幼稚園・小学校の実践から＜いのち＞の教育を考える　　松田智子　75

学校保健・情報

学校保健アラカルト　この稿でちょうど100ページ目です　照屋博行　39
今月の健康目標　みんなが仲良くするために　44
健康歳時記　56　　まんが「養護教諭な日々」　65
研究会・セミナーのお知らせ　82　　ザ・情報ツウ　84

カラーページ

こころのスケッチ
画 にしださとこ　1

わたしの保健室　アイデアを生かした掲示板
埼玉県春日部市立豊春小学校　野上弘恵　4

保健指導と教材づくり

養護教諭なんでも相談室
インクルーシブ教育システムの開始に伴う
合理的配慮の提供と養護教諭
亀崎路子　36

ズバリ！お答えします！性に関する健康相談の実際
「友人に胸を触られている児童」（小6女子）
学校保健研究サークル「さくら草」　40

はるちゃん先生の子どもの心をくすぐる保健教材
ゲームとの付き合い方を考えよう（後編）
東春奈　57

100円ショップで作る！かわいい保健マスコット
干支かざり（戌）
松本絵里　62

視点を変えて考える　保健指導の進め方シリーズ
生徒保健委員会の活動（保護者への聞き取り編）
五十嵐利恵　66

読み物

クイズで健康教育
手洗いで感染予防をしようクイズ
学校保健教育研究会　60

しおり先生の保健室奮戦記
「いつでもおいで」を伝え続ける
金井詩織　79

みんなの心の回覧板
ダメと言わない薬物教室
NPO法人ぷるすあるは　80

すぐに役立つ「保健だより」資料

私の資料づくり（2月号） 45

（小学校低学年）通学路にはいろいろなキケンがある！
（小学校）かインフルエンザを予防しよう！／インフルエンザにかかったら／節分には「福は内！鬼は外！」
（中学・高校）花粉症ってどんな病気？／花粉症の人も、そうでない人も花粉症対策を忘れずに！／たばこの煙の恐ろしさを知ろう！／たばこの煙に含まれる代表的な有害物質と健康障害／電子たばこなら害はないの？／たばこの害は全身に及ぶって本当？
（中学・高校2）笑う門には福来る！／笑いの効果／ほけんしつにっき

「ほけんだより」イラスト・カット（2月号） 52

付録

「ほけんだより」2月号（小学校用） 巻末
2月の保健目標　冬の健康について考えよう／ゲームやスマホのやりすぎに注意！／できていますか？せきエチケット！／夏だけじゃない！冬の「脱水サイン」知っていますか？

「保健通信」2月号（中学・高校用） 巻末
チョコレート効果／マスクの使い方／冬の肌トラブル／ビタミンEで肌トラブルを予防しよう！

Vol.22　No.239

表紙デザイン
株式会社ニホンバレ

イラスト
市毛有美　石崎伸子　大橋慶子　公文祐子　すどうまさゆき　寺田久仁子　中村美智恵　にしださとこ　日南田淳子　松風ナイト　山本さと子

心とからだの健康　1月号　2018 Jan.

わたしの保健室
My infirmary of school

埼玉県春日部市立豊春小学校　野上弘恵

　本校は、春日部市の西部に位置し、開校144年を迎える歴史と伝統のある学校です。児童数621人、21クラス（うち特別支援学級3）の中規模校です。素直で明るい児童が多いです。自分の考え、思いを相手に伝えられ、自分で意思決定し行動できる児童をめざして、保健室での対応を心がけています。

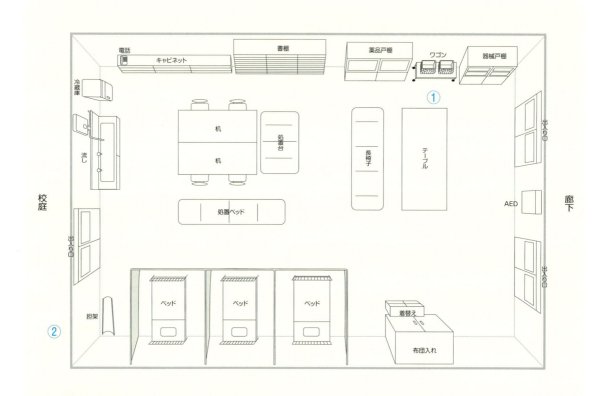

① 入り口から見た保健室

保健室から校庭が見えるように植木を伐採しました。

② 緊急時持ち出しセットと嘔吐処理セット

緊急時にすぐ持ち出せるよう入り口のすぐそばにあるワゴンの上に置いてあります。また、学区内めぐりで郊外へ行くときや業前運動のときなどに持ち出せる救急バッグも近くに用意してあります。

ポシェットの中に入れ、常時持ち歩いています。

③ 校庭側の窓に表示

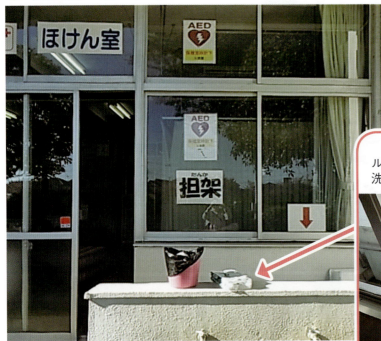

担架、AEDの表示は、校舎内外の至る所に掲示してあります。

毎朝、保健室前の流しにペーパータオルを用意しておき、児童は、来室前に水洗いをし拭いて来室します。

アイデアを生かした掲示板
Bulletin board that was taking advantage of the idea

埼玉県春日部市立豊春小学校　野上弘恵

歯と口の健康結果

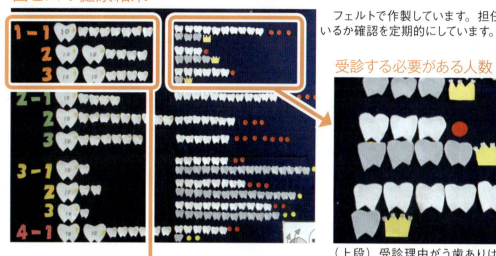

フェルトで作製しています。担任は、受診しているか確認を定期的にしています。

受診する必要がある人数

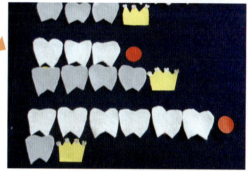

（上段）受診理由がう歯ありは赤シール。治療がすむと白い歯を貼ります。
（下段）受診理由が要注意乳歯など、う歯以外は黄色いシール。治療がすむと水色の歯を貼ります。

健康な歯と口の人数

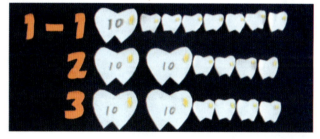

目の仕組みを知ろう

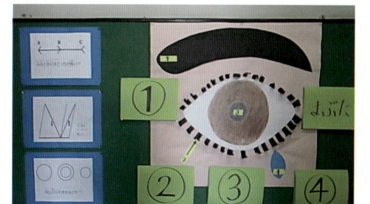

大きく立体的に作製しました。児童は、足を止めてめくって見ています。

すてきな言葉を教えてね

児童が考えた言葉を自分で好きな色のぺんで書いてもらいました。

うまくいかなかったことは学びのチャンス

長椅子に座ると掲示物が目の前にあり、自分で考え、次への行動変化につながります。

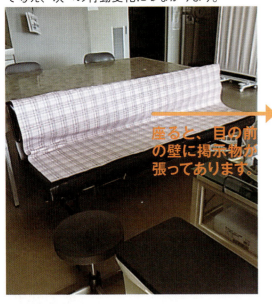

座ると、目の前の壁に掲示物が張ってあります。

※ハートマッスルトレーニングジム、保健室コーチングベーシックコーステキストより

今あるといいなと思うカードはどれかな？

表に絵が描いてあり、裏に使用方法が書いてあります。1枚1枚見て、友だち同士、児童と先生、話すのが苦手な児童とも気軽にコミュニケーションがとれます。

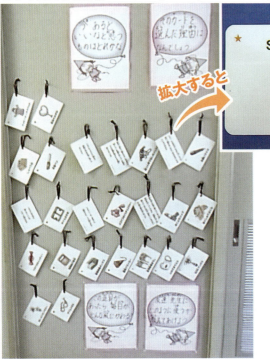

拡大すると

めくると

アンテナのボタンを押すとだれかがあなたを見つけて助けてくれるよ。

※ハートマッスルトレーニングジム、人生の魔法カードより

クイズで健康教育

手洗いで感染予防をしようクイズ

問題は60ページ

100円ショップで作る！保健マスコット（かわいい）

今月の保健マスコットは…

干支かざり（戌）

作り方は62ページ

ぜひ一度お試しください！

1月の壁新聞

子どもの「気になるテーマ」を壁新聞にしています。

- お試し購入：「心とからだの健康」ご購読者さま限定サービス！
- 読者特典：パワーポイント教材のダウンロードサービス開始！

1月の「健康ふしぎ発見ニュース」は

インフルエンザにかからないためにできること

インフルエンザが本格的に流行する季節になりました。**インフルエンザが毎年流行するのはなぜ？**という疑問から、**インフルエンザウイルス、インフルエンザの症状と感染経路、感染予防対策**について、国立病院機構相模原病院小児科の真部哲治先生に、わかりやすくご説明いただきました。ビジュアル編は常掲用としてもおすすめです。

健康ふしぎ発見ニュース（全学年用）

B2判　月3部（解説書8ページ付き）
年額　16,848円（税・送料込）

お試し購入 **1,300円＋税**

2017年度 既刊テーマ（クイズ編）
- 4月：朝起きるのがつらい…これってなんで？
- 5月：歩きスマホってどういうところが危ないの？
- 6月：キシリトールでむし歯にならないのはなぜ？
- 7月：「蚊」に刺されるとどうしてかゆいの？
- 8月：熱中症ってどんな症状なの？
- 9月：災害時に備える備蓄は何日分必要なの？
- 10月：ちょっと見えにくいかも…そんなときどうする？
- 11月：歯のよごれが取れるのはどの歯ブラシ？
- 12月：ノロウイルスは、なぜ冬に流行するの？
- 1月：インフルエンザは、なぜ毎年流行するの？
- 2月：かぜ？それとも花粉症？
- 3月：身近に迫っている危険な薬物

新しい保健ニュース（小学校用）

B2判　月2部（解説書8ページ付き）
年額　14,256円（税・送料込）

お試し購入 **1,100円＋税**

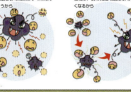

1月の「新しい保健ニュース」は
- **ゲームと上手につきあおう！**（生活力を身につける）
- **命の大切さを考える**（心の健康）

（5日号）年間テーマ
- 4月：ようこそ、保健室へ
- 5月：リフレーミングで、前向きに！
- 6月：みがきにくい奥歯を守ろう！
- 7月：ハンカチをいつも身につけよう！
- 8月：熱中症予防のために「元気バッチリ！」朝ごはんを食べよう！
- 9月：花粉症に負けないぞ！
- 10月：目のトラブル発生！どうすればいいの？
- 11月：良い睡眠のための寝る前の過ごし方チェック！
- 12月：乾燥を防いで、かぜを予防しよう！
- 1月：ゲームと上手につきあおう！
- 2月：うんちのひみつ
- 3月：車酔いってどうしてなるの？

ビジュアル保健ニュース（中・高校用）

B2判　月2部（解説書8ページ付き）
年額　14,256円（税・送料込）

お試し購入 **1,100円＋税**

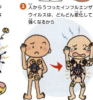

1月の「ビジュアル保健ニュース」は
- **セクシュアリティ（性のあり方）って何だろう？**（生活力を身につける）
- **睡眠の持つすごい力**（心の健康）

（5日号）年間テーマ
- 4月：運動と体の関係を知り、自分の体をチェックしよう
- 5月：おやつばかり食べていませんか？
- 6月：いま必要な歯周病対策
- 7月：成長期のスポーツと食事
- 8月：きれいな肌をつくろう～正しいニキビ対策～
- 9月：ウイルスによる感染症に注意！
- 10月：目の酸素不足に注意！
- 11月：温かい服装で冷え対策！ポッカポカな生活をしよう
- 12月：なぜ換気をするのでしょう
- 1月：セクシュアリティ（性のあり方）って何だろう？
- 2月：スマホ依存、大丈夫ですか？
- 3月：口呼吸の危険性

FAX申込用紙　FAX番号 03-3262-2615

※この用紙でお試し購入お申込みの方、送料無料！

お試し購入

お名前：	（学校名：	）	TEL：	部
ご送付先：〒				（自費／公費）

私の提言

「がん教育」と出会っていたからこそ、「がん」に立ち向かう生命力が湧いた

東京都豊島区立明豊中学校 校長 小林豊茂

　昨年夏の定期健康診断の翌日に、健康診断先から「すぐに病院へ」と促されました。喫煙経験はなく、自覚症状もなし。しかし、CT検査で3カ所の「肺がん（ステージⅣ）」が判明し、すぐに治療の計画が立てられました。告知を受けて絶望的なショックを受けるのが当たり前といわれますが、私には「必ず治療して生徒の前に立つ」としか思えませんでした。根拠は、校長になり推進してきた「がん教育」で、がんに立ち向かう体験談を何度も聞いていたからです。その経験が「自分もいよいよだ。現職で肺がんになったのは、治療の成果を持って復帰することを示すためだ」と考える原動力になりました。2学期から3カ月の休職をとり、週1回、6週間にわたる抗がん剤の点滴と毎日約30秒の照射で30回の放射線治療、その後、まとめて抗がん剤を点滴する化学療法が続きました。そのかいあって、がんはCTでも見えにくい程度になり、経過観察となり現在に至っています。

　寛解の状況でしたが、退院の翌々日に学校復帰し、全校集会で、病状と健診から入院、退院に至る治療や状況について、「がん教育」と位置づけて生徒に語りました。「がん教育」は「がん」の知識・理解や早期発見・早期治療が大事と伝えることが重要ですが、私が強調したことは、①手術や抗がん剤治療のように免疫力が下がる治療には、感染症の危険が最も高いむし歯の治療や歯のケアが優先されたことから、日頃からの「歯みがき」の習慣化が大事であること。②不安や心配が多い入院生活では、担当医師や看護師の献身的な言動に励まされたことから、看護師や療法士などの職業が「人への影響力のある職種」であること。③抗がん剤で脱毛になった自分の姿（頭）を見せ、病人は自分の変わった容姿でも傷つきやすいこと。さらに、がん患者本人が「生きよう」とする生命力を高めることが重要だと感じたことから、見舞いの人が偏見をなくし、励ます・明るく振る舞うことが、患者が前向きになり、免疫力を高めることにつながることを語りました。

　私の治療の詳細を述べることが、①がん患者は児童生徒の身近にいること、②がんの治療は薬品や医療技術の進歩で進展しているので、不治の病としてただ怖がらず、理解して怖がること、③家族を含め周囲のがん患者をどう支えたらいいかなどを、私の姿をもって理解の一助になればと願っています。最後に、児童生徒の健康・保健衛生・安全に中心的役割を果たしている養護教諭からの、あのときに「すぐに病院へ」の助言に、感謝。

変化する子どもをそばで支える

スクールカウンセラー　小笠原美知子

　「ちょっと見に来てください」と担任に呼ばれ小学3年生の教室に入っていくと、A男はたったひとり一心不乱にクレヨンで絵を描いていました。A男の机の周囲にはノートや教科書が散乱していて、ひと暴れしたことがすぐにわかりました。A男のことは以前から話に聞いていましたが、対面するのはそのときが初めてでした。なかなか手強そうだけれど、とてもかわいい子だなというのが、わたしの第一印象でした。その日から、A男とわたしは月に2回の勤務日に一緒の時間を過ごすことになりました。

　A男は低学年の頃から皆と一緒の行動をとるのが苦手で、時々教室で暴れてしまうことがありました。授業中はまるで聞いていないように見えるのですが、テストの点数は上位で、とくに算数が得意です。3年生の2学期、A男は特定の男子をいきなりたたいたり蹴ったりするようになり、クラスの保護者から「A男とは遊ばせないでほしい」というクレームがつきました。そこで、A男を含めたクラスみんなの安全を守るべく、学校全体での取り組みが始まったのです。わたしはA男との個人面談と、A男の担任へのコンサルテーションを担当しました。

　A男は5年生の姉と1年生の妹と両親との5人家族。A男の父は「男はたたいて育てる」という考えだったそうで、A男は小さい頃から「躾」という名の暴力を受けて育ってきたのでした。校長は両親と面談し、子育てをねぎらったうえで「たたくのは絶対にダメ」と丁寧に諭しました。また、空き時間の先生方が総出で、A男が他の子をたたかないようさりげなくA男のそばにいて見守りました。

　A男との時間は、わたしにとってとても楽しいものでした。A男は毎回何かを持って相談室に

やってきます。あるときは作りかけのゲーム、あるときは折り紙で作ったロボットや動物。A男は何かを作り出すことにおいて優れた能力を持っていました。その発想や器用さは飛び抜けていて、いつもわたしを驚かせてくれました。折り紙で作ったロボットに名前を付けたり、自分で作ったゲームで一緒に遊んだりしながら、A男はぽつりぽつりと自分のことや家族のことを話しました。「お父さんはたたくからイヤ。お母さんは大好きだけど、夜は仕事でいないんだ」「本当は我慢できる人になりたい」。

　あるとき、A男に聞きました。「どうして○○くんをたたいたの？」「だって一緒に遊びたかったんだもん」。A男は父からの「躾」を通して、「関心を持ってほしいときや思い通りにならないときにはたたく」ということを学習してしまっていたのでしょう。そして「乱暴なA男」というレッテルがA男の自尊心を傷つけ、悪循環に陥っていたのだと思います。それでも、校長や担任との面談を通して父がたたかなくなってきた頃から、A男がクラスで暴れる回数は減っていきました。担任は、A男のできているところや小さな変化を見つけては両親に伝え、両親の頑張りをねぎらいました。

　A男との関わりは2年近く続きました。その間には、思いきり甘えてきたり、見捨てられないかどうかわたしを試すような行動をとったりと、いくつかのヤマを越えなければなりませんでした。A男はいま6年生です。もうクラスで暴れることはありません。廊下で会うとわたしは心の中で「A男、がんばってるね」と言いながらにこっと笑いかけます。すると、A男はちょっとだけ照れくさそうに笑い返してくれます。子どもが伸びていく力に、わたしはいつも圧倒されるのです。

運動部活動の在り方に関する総合的なガイドラインに注目

順天堂大学スポーツ健康科学部准教授　鈴木宏哉

　競技を極めたトップ選手が心身の限界を感じて現役を退くことと同じように、受験を控えた中学・高校の3年生に対しても用いられる「現役引退」という言葉に違和感があります。そこには、部活動がプロスポーツと同じように競技を極めることを主眼とする実態が垣間見えます。限界に挑戦したり、体を追い込んだりしない、ゆるい実践者は悪なのか。部活動を競技力志向者の組織としてだけでなく、生涯スポーツの入り口としても考えることはできないのでしょうか。

　学習指導要領の総則には「生徒の自主的、自発的な参加により行われる部活動については、スポーツや文化及び科学等に親しませ、学習意欲の向上や責任感、連帯感の涵養等に資するものであり、学校教育の一環として、教育課程との関連が図られるよう留意すること」とあります。部活動は自主的な活動でありながらも教育の一環として位置づけられています。すなわち、部活動は教育成果が重要となります。そしてその教育成果のうち、とくに長期的成果を重視する必要があります。青少年期では年間目標として全国大会出場といった短期的目標を掲げてしまうと指導のゆがみが生じやすくなります。

　国際的科学雑誌に競技的成功と生まれ月の関係を調べた研究が掲載されています。それは日本でいう早生まれ（1～3月生まれ）の選手はトップ選手として成功しにくいというものです。その背景に早熟な選手の選抜があります。幼少期には同じ学年でも4～6月生まれの子は体格的に優れ、スポーツ場面でも目立つので指導者が好んで選抜しているということです。陸上競技連盟のデータでは小・中・高校の全国大会の出場選手に生まれ月の偏りが

あることを示していますが、その一方で、日本代表選手になるとその偏りがなくなります。また、幼少期以降の練習量について重要な研究があります。成人のエリート選手とそこまで達しなかった準エリート選手の練習量を比べると、成人期の練習量はエリート選手の方が多いのですが、幼少期の練習量は準エリート選手の方が多かったのです。

　これらの知見が物語っていることのひとつは、育成年代の指導者が短期的に競技的成果を上げたければ、体格的に優れた青少年を選抜し、相手よりも多く練習させることだということです。しかし、そのような指導は将来性のある選手を見落とし、成人のエリート選手育成を妨げるという皮肉な結果をもたらす可能性があります。近年の運動部活動にまつわる諸問題（スポーツ障害、事故、やり過ぎ、運動嫌い、バーンアウト、指導者の負担など）はこういった事実の無知に起因すると考えられ、長期的成果を重視すれば起こりにくい問題といえます。

　教育成果は競技力の向上に限りません。スポーツの価値は、する価値、見る価値、支える価値などさまざまです。卒業後に体を動かすことをいとわない大人になることも長期的な教育成果といえるでしょう。無償で提供される部活動制度は運動環境格差を是正する有効な制度です。主体的・対話的で深い学びが重視される時代にこそ、部活動は本来の自主的・自発的活動の場であるべきと思います。スポーツ庁は「運動部活動の在り方に関する総合的なガイドライン作成検討会議」を設置しました。年度内に公表されるであろうガイドラインがどのように作成されるのか注視しましょう。

2018 焦点 NO.10 子どもの性

自己肯定のできる「からだの学習」を

NPO法人さいたまユースサポートネット 学童支援教室責任者　**金子由美子**

　日本全国の学校で実施される「学校定期健康診断」は諸外国では珍しく、「強い国づくり」のための国策として明治時代から始まっています。現在は、文部科学省令「学校保健安全法施行規則」に準拠し、健康管理や教育の一環として検診項目が定められています。項目の一は栄養状態と定められ、栄養不良や肥満傾向で注意を要する者を発見するためのスクリーニングとされています。その事後措置として各家庭への通知とともに、「肥満」児童生徒への保健指導や教育活動の実践は、探すことができます。

　しかし、「痩せ」についての保健指導や教育活動の実践を私は見つけることができませんでした（ご存じの方は教えてください）。おそらく、家庭の貧困や摂食障害を推察できても、学校としては、手だてを講じることが難しく、家庭通知するしかないのが現状なのでしょう。

　危惧されるのは、子どもたちに広がる「思春期やせ症（小児期発症神経性食欲不振症）」の増加です。中高生の女子だけでなく小学生や、男子の症例も報告されるようなっています。

　そうしたことから、医学、科学、ジェンダーに関する研究分野では、女性が視覚的な美に駆り立てられていく社会のメカニズムの分析、痩せすぎているモデルやマネキンに見られる「女性美」偏向、メディアで展開される「ブス、デブ、貧乳」などという美醜ハラスメントなどが論じられるようになってきました。しかし、教育現場ではほとんど問題にされていません。

　子どもたちの痩せ願望を、社会的要因に照らし合わせると、ダイエットをあおる少女雑誌や、スリム＝かわいいというアイドル志向が一般化していることが考えられます。「AKB48」に始まり、全国に地方アイドル、地下アイドルが増える中、子

どもたちが幼児期に夢見たアイドルは、その気になれば誰でもなれるほど身近な存在です。

　また、全国に広がる大型ショッピングセンターに並ぶ商品は画一化され、農村部に住むある小学生の母親は、「肩を露出する夏服ばかりが並び、虫刺されや植物のかぶれが心配」と嘆いていました。「アイドルと同じ服が着たい」という小学生がダイエットをするなど、かわいい、きゃしゃ、細いという「少女」のイメージが呪縛となり、健康的な成長を阻んでいる事例も見られます。中には、自らもアイドル志向であった母親が、わが子に夢を託しレッスンに送迎しオーディションに向けての体重管理をする事例まで見られます。

　また、ゲームやドラマのフィギュアやアニメは、強くたくましい男とセクシーな女のジェンダーバイアス、そして画一化したボディーイメージ、美醜ハラスメントなどが、遊びと混在化しています。家庭や社会から刷り込まれたボディーイメージは、からだのコンプレックスにさいなまれる子どもを増殖させ、少女のみならず、男の子も「デブ、チビ、ハゲ」という攻撃的なワードにおびえています。

　学校は、かわいい制服が着たいという子どもたちの需要にこびた制服、運動競技や発表会などでエスカレートする男性肉体美や女性的なラインを誇示するユニフォームなど、無自覚なままに視覚的な美を駆り立てる舞台になっていることを自覚し、改善していかなければなりません。

　そして、自らのからだのメカニズムの見事さや、生命体としての存在感が確認できる「からだの学習」を、いかに楽しく魅力的に伝えられるのかを、教育現場は、子どもたちから問われていると言えましょう。

特集

ノーマライゼーションと養護教諭の役割

高校における通級による指導の制度化と養護教諭の役割　　14〜20

独立行政法人国立特別支援教育総合研究所発達生涯教育推進センター
上席総括研究員兼センター長　笹森洋樹

がん教育を実践するために　　21〜27

東京都新宿区立落合第一小学校主幹養護教諭　若林治代
（協力／東京女子医科大学病院　林 和彦）

特集

ノーマライゼーションと養護教諭の役割

高校における通級による指導の制度化と養護教諭の役割

平成30年4月より、高校にも通級による指導が制度として導入されます。現在、小・中学校における特別支援教育の理念を継承しつつ、社会への自立、就労支援など新たな視点も必要になります。校内支援体制づくりの一員としての自覚が養護教諭に求められます。

独立行政法人
国立特別支援教育総合研究所
発達障害教育推進センター
上席総括研究員兼センター長
笹森洋樹

はじめに

　平成28年3月、高等学校における特別支援教育の推進に関する調査研究協力者会議において「高等学校における通級による指導の制度化及び充実方策について（報告）」がまとめられました。それを受け、平成28年12月に学校教育法施行規則の一部を改正する省令等の公布（施行は平成30年4月1日）がされ、高等学校における通級による指導が制度化されます。

　報告には、「通級による指導の導入は、障害のある生徒を特別な場に追いやるものであってはならない。障害のある生徒の自立や社会参加に向けた主体的な取組を支援するという視点に立ち、一人一人の教育的ニーズを把握し、その持てる力を高め、障害による学習上又は生活上の困難を改善又は克服するための適切な指導及び必要な支援を行うという特別支援教育の基本理念を改めて認識し、障害のある生徒の在籍する全ての高等学校において、特別支援教育が一層推進されることを期待する。」と述べられています。

　ではまず、「通級による指導」について、その設置に至った背景、思いをふり返ってみましょう。

連続性のある多様な学びの場としての「通級」

　中央教育審議会「共生社会の形成に向けたインクルーシブ教育システム構築のための特別支援教育の推進（報告）」（平成24年7月）には、「子どもの実態に応じた適切な指導と必要な支援を受けられるようにするためには、本人及び保護者の理解を得ながら、必ずしも通常の学級ですべての教育を行うのではなく、通級による指導等多様な学びの場を活用した指導を柔軟に行うことも必要なことと考えられる。」と示されています。

　子ども一人一人の学習権を保障する観点から、多様な学びの場として、通級による指導、特別支援学級、特別支援学校が整備されます。

　特別支援学校では、幼稚園、小学校、中学校または高等学校に準ずる教育を施すとともに、障害による学習上または生活上の困難を改善・克服するための指導領域である「自立活動」が設けられています。特別支援学級は、障害があるために通常の学級における指導では十分に指導の効果を上げることが困難な児童生徒のために編制された少人数の学級です。基本的には小学校、中学校の教育課程に基づきますが、障害の状態により特別の教育課程を編制することができます。通級による指導では、小学校、中学校の教育課程に加え

て、またはその一部を替えて障害の状態に応じた特別の教育課程による指導を行うことができます。

とくに、通級による指導は、障害のある生徒が通常の学級での学習におおむね参加することを前提として、障害による学習上または生活上の困難の改善・克服を目的とした指導を行うものです。現在、行われている小・中学校での通級による指導では、通常の学級における学習活動を行いながら週に1〜2回、子ども一人一人の特性に応じて、学習面や生活面の困難を改善・克服するための指導を行ったり、とくに必要がある場合には、障害の状態に応じて各教科の内容を取り扱いながら指導を行ったりしています。

このことから、高等学校における特別支援教育の充実を図ることで、障害のある生徒も障害のない生徒も共に学ぶ仕組みであるインクルーシブ教育システムのますますの具現化を図ることを目指すものです。

たとえば、小・中学校で通級による指導を受け、対人関係やコミュニケーション能力の改善に取り組んでいた児童生徒が、高校に進学してからもコミュニケーション能力に関する課題について取り組むことで社会的な自立と社会参加の基礎的な力をつけていきます。また、小・中学校では通級による指導を受けていなかった児童生徒でも、高校では周囲の生徒との人間関係の調整などの自尊感情等への配慮も必要になります。困難さに関する二次的な課題に対して、自己理解の促進とストレスへの対処能力等を高めたりすることなども大切になります。

生徒の実態の多様化と教育課程の弾力的な編成等

高い進学率に伴い、生徒の興味や関心、能力、適性等の実態は多様化し、高等学校は、課程や学科など生徒の実態に応じて多様な教育制度を設けてきました。現行の高等学校の学習指導要領には教育課程の弾力的な編成等として、

・義務教育段階の学習内容の確実な定着を図るための学習機会を設けることの促進（学び直しの機会の保障など）
・地域、学校および生徒の実態、学科の特色等に応じ学校設定教科・科目の設定
・学校や生徒の実態に応じ、個別やグループ別指導（少人数制指導など）
・教師の協力的な指導（チーム・ティーチングによる指導、支援員の活用など）
・学習内容の習熟の程度等に応じた弾力的な学級編成（習熟度別編成など）

などといった、個に応じた指導の充実、学習の遅れがちな生徒、障害のある生徒等については生徒の実態に応じ、指導内容や指導方法を工夫すること等が示されています。

しかし教育課程は、学校教育法施行規則に定める各教科・科目（学校設定教科・科目を含む）、総合的な学習の時間および特別活動で編成するものとされており、これ以外に特別の指導領域（特別支援学校における「自立活動の指導」など）を設けて教育課程を編成することは現状ではできません。

特別な教育的ニーズのある生徒への対応は、通常の授業の範囲内での配慮や学校設定教科・科目の設定の工夫、支援員の配置等の人材活用により取り組んでいます。

平成30年度からの高校における通級によ

特集 ノーマライゼーションと養護教諭の役割

る指導の制度化では、これまでの指導・支援に加えて通級による指導をどう活用していくかがポイントになります。

高校における通級による指導で留意すべきこと

1. 特別の教育課程の編成と個別の指導計画

　特別の教育課程による障害に応じた特別の指導とは、障害による学習上または生活上の困難を改善し、または克服することを目的とする指導であり、とくに必要があるときは、障害の状態に応じて各教科の内容を取り扱いながら指導を行うことができます。

　高等学校では、学習時間量を単位数により表し、卒業までに74単位以上修得することにより卒業資格が認められます。通級による指導は、教育課程に加え、またはその一部に替えることができ、年間7単位を超えない範囲で卒業までに必要な単位数に加えることができます。

　つまり、今回の高校における通級による指導の制度化では、高等学校においても特別の教育課程による単位取得ができることになります。

　ただし、必須履修教科・科目、総合的な学習の時間、専門学科における専門教科・科目等、すべての生徒に履修させる教科・科目等に替えることはできません。

　特別の教育課程では、個別の指導計画に基づき履修し、目標が達成されたと認められる場合に単位を認定します。ここで大切なことは、教育課程編成上の位置づけを明確にし、個々の生徒の障害の状態や発達の程度等に応じて、指導目標、指導内容等を設定し、きめ細かな指導を可能とする個別の指導計画の作成です。

　たとえば、自分に合った学び方を身につけること、うまくいかない場面での対応の仕方を身につけること、社会的な自立に向けて不足している力を身につけることなどが指導目標となります。そして、生徒が抱える障害による学習上または生活上の困難さの軽減、障害特性に起因する問題行動の改善、教科学習や課題に対する取組の意欲や自己肯定感の高まりなどを、教育的効果を判断する際の手がかりとして、目標が達成された場合に単位を認定します。

　単位認定のための評価基準は明確にする必要があり、客観性のあるアセスメントも重要です。また、通級による指導の教育効果は通常の学級において一般化することが望まれます。目標設定は、通常の学級と通級による指導のつながりを考えて設定することも重要です。

　つまり、目標の達成という評価基準を明確にすること、チェックリスト等の活用などを通して客観性のあるアセスメントを示すこと、通常の学級における指導や支援とつながることが重要になるのです。

2. 自立活動の指導内容

　自立活動の指導内容は、特別支援学校学習指導要領解説自立活動編を参考にします。

　小・中学校では、対人関係のトラブルが絶えないという課題があった児童生徒が、通級による指導においてソーシャル・スキルの指導に取り組んだことで、人との関係の取り方がわかった、といったように、通級による指導の成果が通常の学級における指導につながり、児童生徒の行動面や集団参加の面で適応状態が改善している例も多く見られます。ま

た、とくに必要があるときは、各教科の内容を取り扱いながら指導を行うこともできますが、単に学習の遅れを取り戻す目的で指導を行うことはできません。各教科の内容を取り扱う場合でも、障害による学習上または生活上の困難を改善し、または克服することを目的とする指導として行います。

学年進行とともに、学習面のつまずきが生活面や行動面に影響を及ぼしている場合も少なくありません。たとえば、読み書きに困難のある児童生徒が、板書をノートにすべて書き写すことが次第に難しくなり、授業中にノートをとらなくなるといったことも、多く聞かれます。

しかし、つまずきのある学習の習得について、通級による指導だけで十分に教育効果を上げることは難しい面があります。とくに高等学校では、自分に合った学び方を身に付け成功する学びの機会を増やすこと、うまくいかない場面における問題解決のための手だてを身に付けること、社会への自立に向けて不足している力を補うこと等が指導のポイントになります。

これらは、一人一人の状況に応じて取り組む必要があるものです。自分に合った学び方では、読み書きに困難がある生徒とじっくり向き合うことで、その生徒が自分のペースや自分なりの方法であれば取り組めることを示し、生徒自身が自分でその方法を実践できるように導くことが求められます。うまくいかない場面で、いらいらしたり意欲を失ったりしてしまう生徒に対して、状況を整理しながら、どういう場面でやる気がなくなってしまうのかを分析し、与えられた課題をすべてやり遂げようとせずに、できることから選んで取り組むことで落ち着くことを示し、実践で

きるように導くことが求められます。

これらの学習では、自己肯定感や学習意欲を高めることを基本に、通常の学級における個別的な支援、合理的配慮へつなげていくこと、生徒自らが主体的に学ぶ力をつけることを目的とした指導が重要です。

高等学校においては、就労支援も大きな柱になるため、将来の人生設計、社会への接続、卒業を見据えたキャリア教育という視点も重要です。生徒一人一人の特性を考え、社会に出た際に直面する問題として起こり得るものを設定しながら、その対策を一緒に考えることが求められます。

3. 対象生徒のニーズ把握と心理的配慮

高等学校においては、義務教育段階の学習内容の定着が不十分、いじめや暴力行為の対象、不登校や中途退学、その他教育相談や生徒指導上に挙がる生徒等も、発達障害等の特性が背景や要因として想定される場合も考えられます。生徒の実態やニーズの把握からアセスメント、必要性の判断から決定までのプロセスをできるだけ明確にし、関係者による総合的な判断ができる仕組みが必要です。たとえば、何事に対しても不安が強く、自信がないと感じている生徒がいた場合、担任に限らず失敗経験をくり返さないことを問題として提起し、授業の中で取り組めていること、前向きに取り組もうとする学習活動などについて、教員間で情報の共有を図り、その生徒の実態を把握します。そして課題と目標、具体的な取り組みについて検討し、必要に応じて特別の教育課程において個別の指導計画の作成を検討します。

最終的な判断は本人のニーズが最も重要です。特別の教育課程で、一人だけ集団から離

ノーマライゼーションと養護教諭の役割

れて別の活動をすることや自分だけ特別な支援を受けることに対して周囲の目が気になることなど、指導を受ける生徒の自尊感情や心理的な抵抗感に配慮することが必要です。他の生徒との人間関係への配慮にも十分に留意する必要があります。

　たとえば、集中して課題に取り組むことが難しく、決められた時間内に課題を終えることができないという課題のある生徒であっても、本人が一人だけ集団から離れて別の活動をすることを望まない場合は、特別な教育課程ではなく、課題の設定の工夫や放課後の時間を活用するなど別の形での支援を検討する必要があります。

4．通級による指導の担当者の役割と専門性

　通級による指導の担当者には大きく3つの役割があると考えています。一つ目は、対象となる生徒の教育的ニーズに応じた個別の指導計画を作成し、実態把握→目標設定→指導計画→指導実践→指導評価→修正改善というPDCAサイクルを機能させ、教育的効果を上げることです。たとえば、わからないことを質問したり、思っていることを相手にうまく伝えたりすることが難しい生徒がいた場合、担任や教科担当教諭と連携しながら、成績や授業中の様子など、その生徒の実態を把握し、わからないことや思っていることは紙に書く、メモするという目標を立てるとします。それに応じた指導計画を作成し、メモの取り方、書いたメモの活用の仕方などについて評価をしながら、計画を修正していきます。

　二つ目は、本人や保護者の教育相談機能です。家庭や学校でうまく日常生活を送ることができている生徒は、通級による指導を必要としません。日常生活でさまざまな課題を抱えている生徒の場合は、本人だけでなく保護者も悩みを抱えています。周りからの孤立感への支援、正しい理解への支援、家族の抱えている課題や子育ての支援、学校との連携に関する支援等の視点が重要になります。ここでは、担任教諭や養護教諭、スクールカウンセラーなどが連携を取りながら、保護者や本人の話を傾聴し実態の把握をすることが求められます。

　三つ目は、在籍している学校関係者へのコンサルテーションです。通級による指導での効果的な指導が授業に生かされることは、合理的配慮にもつながっていきます。通級による指導の担当者には、通常の学級における合理的配慮に関する助言者、支援者の役割も担うことが求められます。そこには悩んでいる学級担任や授業担当者を支えるという視点も重要です。特別支援教育コーディネーターや生徒指導担当、教育相談担当そして養護教諭などと共に、特別な教育的ニーズのある生徒のための校内支援体制づくりのキーパーソンになることが望まれます。

5．全ての教職員の理解、校内支援体制

　通級による指導は、通常の学級における指導との連続性を考えておく必要があります。通常の学級において合理的配慮（たとえば、扱いやすい教材教具の活用など）も含め適切な指導と必要な支援が行われるために通級による指導が生かされます。対象となる生徒への指導・支援だけでなく、通常の学級における指導・支援の工夫、生徒の実態に応じた進路指導や生徒指導、教材や支援機器等の活用、校内の相談体制の充実等、校内の教職員にとっての効果も期待されます。

　通級による指導では、授業のユニバーサル

高校における通級による指導の制度化と養護教諭の役割

デザイン化や生徒理解の深化に基づく生徒指導の充実、全ての教職員による校内支援体制づくり等の視点が欠かせません。管理職のリーダーシップの下、校内支援体制づくりのリソースとしての役割が重要になります。通級による指導の位置付け、対象となる生徒の実態と指導の目的等を明確にし、全ての教職員や生徒・保護者等に特別支援教育や通級による指導に関する理解・啓発を進めるとともに、全教職員の協力の下に適切な指導および必要な支援が効果的に行われる体制づくりが大切です。

これらの理解・啓発に関する研修では、日頃から生徒たちの健康を観察し、相談を受けている養護教諭も、生徒の実態に応じた個別的な指導・支援の手だてを考える際、大きな役割を果たします。

二次的な障害の予防と
自己理解に寄り添う支援

つまずきや失敗がくり返され、学校生活に対する苦手意識や挫折感が高まると、心のバランスを失い、精神的に不安定になり、さまざまな身体症状や精神症状が出てしまうことがあります。いわゆる二次的な障害としての不適応状態です。

二次的な障害は、生徒がそこまで追い込まれていると考えるべきであり、症状が目立つほど改善には時間がかかります。早めに適切な支援があれば比較的短時間で改善していく場合も多いことから、早期発見と予防的対応が肝心です。障害の特性に応じた支援を工夫するとともに、好きなこと、得意なことで自信や意欲を持たせ、自己肯定感が高まるような対応に心がけるなど、予防的対応を常に意

識した支援に取り組むことが大切です。

高等学校における不適応状態の背景には、発達障害等の特性が考えられる生徒も多いと思われますが、医療や福祉、教育の専門機関において相談経験がない人がほとんどです。これからの自分の生き方を考えていく上で、自分の特性に関する理解を進めることはとても重要になりますが、自分の抱えている困難さを障害特性として受け止めることには大きなハードルがあります。

発達障害に対する社会の受け止め、理解がまだまだ十分ではない現状では、障害という言葉には大きな重圧があり、偏見や差別からの傷つき、悩み、不安感が高まることは否めません。障害の受容を進めることが必ずしも早道ではなく、本人の理解の段階によっては苦しむことになるということを周囲の者が十分に理解し、心の面も含めて自己理解を進めることが大切です。

養護教諭、
スクールカウンセラーの役割

こうした生徒自身が抱えている悩みや課題を真摯に受け止め、相談できる人や場所を校内に確保することがとても重要になります。養護教諭は、日々の健康観察や保健調査、健康診断の結果などから子ども一人一人の健康状態を把握し、また、保健室に来室した生徒との何気ない会話から、友だち関係や生活・学習上の悩みに関する情報を得ることができます。また、スクールカウンセラーは、心理の専門家として、生徒へのカウンセリング、困難・ストレスへの対処方法に資する心理教育的支援を行うとともに、生徒への対応について教職員、保護者への専門的な助言や援助

特集 ノーマライゼーションと養護教諭の役割

等を行う立場にあります。

　学校が複雑化・多様化した課題を解決し、新しい時代に求められる資質・能力を子どもに育んでいくためには、校長のリーダーシップの下、教職員がチームとして取り組むことができるような体制を整えることが第一に求められます。通級による指導の制度がうまく機能していくためには、校内の教職員に加えて、スクールカウンセラー、スクールソーシャルワーカーなど多様な職種の専門性を有するスタッフを学校に置き、教職員や専門スタッフが自らの専門性を十分に発揮し、「チームとしての学校」の総合力、教育力を最大限発揮できるような体制を構築してくことが求められます。

　養護教諭、スクースカウンセラー等は、特別な教育的ニーズのある生徒に対して、学校保健、医学・心理学等の視点から専門的な知識・技術を生かし、教員と協力して指導の改善を行うとともに、校内支援体制を機能させる支援者、助言者としての役割も担っています。

おわりに

　通級による指導は、診断や障害があるから受けるものではなく、障害による学習上または生活上の困難という特別な教育的ニーズがある生徒が受けるものです。通常の学級等の生活の場において、学習上または生活上の困難が改善・克服されれば教育的ニーズは減少していきます。

　通級による指導だけが充実すればよいのではなく、学校教育全体が障害のある生徒に対しても十分な教育が保障できるようにしていくことが何よりも大切です。とくに、高等学校の大きな役割として、社会人としての基礎力をどう育成するかはとても重要になります。生徒の支援ニーズに気付き、個々のニーズに応じた支援を行うことにより、社会人として生きる力を育てるという視点が大切です。

　適応状態の改善に向けて、自分の特性を知り、自分に合った学び方や問題場面に対する対処方法を身につけることなどを通して自己肯定感、自己効力感を高め、自分なりの生き方に関する自己理解を促し、多くの成功体験を通して自らが主体的に学んでいくことができる力をつけることを支援することが、高等学校における通級による指導の大きな目的であると考えます。

（文献）
・高等学校における特別支援教育の推進に関する調査研究協力者会議「高等学校における通級による指導の制度化及び充実方策について（報告）」（2016）
・中央教育審議会「共生社会の形成に向けたインクルーシブ教育システム構築のための特別支援教育の推進（報告）」（2012）
・中央教育審議会「チームとしての学校の在り方と今後の改善方策について（答申）」（2015）
・笹森洋樹「インクルーシブ教育システムにおける通級に期待される役割」特別支援教育研究12月号、東洋館出版、2016

特集

ノーマライゼーションと養護教諭の役割

がん教育を実践するために

日本人の死亡原因の1位は「がん（悪性新生物）」です。また、2人に1人ががんを経験し、3人に1人ががんで亡くなる時代です。学校でも、がん教育への取り組みがさまざまな工夫とともに進められています。今回は、小学校でのがん教育に取り組んだ事例をご紹介します。

東京都新宿区立
落合第一小学校主幹養護教諭
若林治代
（協力／東京女子医科大学病院
林 和彦）

なぜがん教育が子どもたちに必要なのか

　子どもの頃は、がんになる可能性は低いとされることから、子どもにがん教育は必要ないと思われる方が多いかもしれません。確かに、子どもの頃の細胞組成は成人に比べて活発で変異が起こりにくいという一般的な傾向があるようです。最近は、医療の発達でがんになるメカニズムがだいぶわかってきており、早期発見・早期治療で、がんは不治の病ではなくなりました。しかし、子どもたちにとって保護者や祖父母を含む親族・知人など、がんになりやすい年齢の方が多いことは一般的といってよいでしょう。

　ところで現在、日本人の死亡原因の1位はがんで、国民の2人に1人が一生涯のうちにがんになり、3人に1人ががんで死亡するといわれています。そこで、厚生労働省は40歳以上の国民にがんを早期に発見するための「がん検診」の受診を推奨しており、欧米諸国と比べて受診率が低いことが深刻な問題だとしています。

　子どもたちが「がん」について学ぶことによって、がんを恐れるのではなく、早期にがんを見つけて治療することが大事なのだということを認識させて行動化するための教育が必要だと思います。このことは、自分の体と自分の身の回りの環境に注意を払い、健康的な生活習慣の保持に努めることの重要性を知ることになります。また、家庭で子どもたちが家族とがんを含めた多くの病気と生活習慣の関わりなどについて話す機会をもち、がんについては「検診を受けることで、家族の健康を守ることができるんだ」と主張できる一員になってほしいと思います。

取り組み始めて戸惑ったこと、迷ったこと

　今回、がんについて授業をすることになったのは、東京女子医科大学の医師から小学生にがんを通じていのちの教育を行ってみたい、どういうプログラムで授業を実践したらよいか一緒に考えたいという声掛けがきっかけでした。とはいうものの、お忙しい医師との打ち合わせは限られ、小学6年生にがんをどこまで教えるか、何を自分たちで考えさせ、どのようにまとめるかを担任と検討しました。

　授業の目標を
・がんは誰でもがかかる可能性のある病気であることを知る。
・がんを予防するには体を健康に保つために、規則正しい生活とバランスのとれた食事をすること、安全な自然素材からの

特集 ノーマライゼーションと養護教諭の役割

食品をとるようにすること、適度な運動をすること、また、たばこの煙を吸わないことなどがあることがわかる。
・がんの治療後には、今までどおりの生活の質を大切にすることが重要であり、がんになっても充実した生き方ができることを知る。

とし、指導案と授業のシナリオを作成し医師・担任・養護教諭で誰がどこの部分を指導するか話し合いました。

限りある命の大切さにつなげるためにはどうしたらよいか、現場の医師から、がん患者さんの様子や家族との関わりを話してもらう。しかし、そこに重点を置くと授業のねらいが保健学習というより道徳の生命尊重になってしまうのではと悩みました。しかし、がんを専門としている医師からの話は想像した以上に説得力があり、子どもたちは真剣に話を聞き心の深いところに学習内容が届いたように感じることができました。

近年、私たちの身の回りの環境は激変しており、発がんに影響しているものが増えていると感じますが、環境問題を取り上げる必要性を感じながらも限られた時間で今回はほとんど指導できませんでした。中学・高校で取り上げてほしいと思います。

研究授業の講師からは、小学校の段階では、がん教育をすることで「命の大切さ」に気付くことができればよい。そして、保健の授業では、共通した原因や予防法を知り対処法を教えることが必要である。授業展開では、教員がやること・専門職がやることの役割をしっかり分けることも重要である。そして、小学校から高校の教育でがんについて正しく理解させていくことが、がん教育の目標であると指導を受け、指導の系統性を明確にする必要性を感じました。

図 がんを含む「病気の予防」展開例

時	ねらい	学習活動
1	病気の起こり方は、病原体、体の抵抗力、生活行動、環境などが関わり合って起こることを理解する。	・かかったことのある病気や知っている病気について話し合う。 ・病気は、病原体、体の抵抗力、生活行動、環境などが関わり合って起こることを知る。
2	病原体が主な要因となって起こる病気の予防には、病原体が体の中に入るのを防ぐことや病原体に対する体の抵抗力を高めることが必要であることを理解する。	・病原体がもとになって起こる病気の原因を考える。 ・予防方法について知る。 ・かからないためにどうしたらいいか生活の仕方を考える。
3	生活習慣病などの生活行動が主な要因となって起こる病気の予防には、食事、運動、休養・睡眠など、健康によい生活習慣を身に付けることが必要であることを理解する。	・生活習慣病はどんな病気なのか知る。主に血管の状態が悪くなる病気だと知る。 ・毎日何気なくくり返している生活習慣が将来の健康状態に影響があることを知る。 ・生活習慣病の予防方法を知る。
4	むし歯や歯周病の予防には、口腔の衛生を保つこと、望ましい生活習慣を身に付けることが必要であることを理解する。	・自分の生活経験から、むし歯や歯肉の病気の起こり方について話し合う。 ・予防方法を知り、自分はどうしたらいいか、生活の仕方を考える。
5 6	喫煙・飲酒・薬物乱用などの行為は、健康を損なう原因となることを理解する。	・喫煙や飲酒、薬物の害について知る。 ・誘われたときの自分の行動について考える。
7	がんが身近な病気であることや、がんの予防、早期発見・検診などについて理解する。	・ゲストティーチャーの話からがんについて知る。 ・がんの原因は、毎日の生活習慣であることを理解する。 【主な評価基準】 (知)がんについて知り、がんの予防には望ましい生活習慣が重要であることを理解する。 (関)がんになっても、充実した生き方ができることを知り、そのためには周りの支えが必要であることに気付く。(関連 道徳 「生命尊重」)
8	地域の取り組みやがんに対する対処法を理解する。	・がんの予防のために地域で取り組んでいることを知る。 ・地域の検診率と外国の検診率を比較する。 【主な評価基準】 (関)がんという病気や新宿区(地域)の人々の健康を守るために行われている活動に関心をもつ。 (考)生涯にわたる健康な生活を送ることができるようにするための方法を考えている。

がん教育を実践するために

児童の実態

　第6学年は、男子39人、女子39人の計78人の児童で構成されています。外遊びを好み、休み時間にはボール遊びをしたり、短縄をしたりして楽しんでいる児童が多く、全体的には活発です。中には体を動かすことに苦手意識をもっている児童もおり、そのような児童は休み時間には、図書室で本を読んで過ごしています。

保健学習「がんはどんな病気？」指導案

(1) 本時の目標（7／8）

・がんは誰でもがかかる可能性のある病気であることを知る。
・がんの発生のしくみがわかり体を健康に保つために、規則正しい生活とバランスのとれた食事をすること、安全な自然素材からの食品をとるようにすること、適度な運動をすること、また、たばこの煙を吸わないことなどに気づく。
・がんの治療後には、今までどおりの生活の質を大切にすることが重要であり、がんになっても充実した生き方ができることを知り、そのためには、家族や周りの人の支えが必要であることに気づく。

(2) 展開

	児童の活動と学習内容	教師の支援
つかむ	◎保健学習のまとめ「がんはどんな病気？」について学習する。 ○がんはどんな病気か 　がんについて思っていることを発表する。 　　・どうして、がんになるの 　　・がんになるといたいの 　　・がんって、どこにできるの ○がんができるしくみ 　・がん細胞と免疫 ＊がんは、どんなことが原因でなるのか　（8分） 　ワークシートに記入　発表 　・たばこの煙を吸ってしまう。 　・野菜をあまり食べない。 　・ストレス 　・焦げたものを食べる。 　・遺伝 　・免疫力の低下	担任（4分） ・事前に読み聞かせた「がんって、なに？」を提示 医師の話（10分） ◆がんは誰でもがかかる可能性のある病気であることがわかったか。 ◆がんの発生のしくみがわかったか。 ・がんは遺伝子に傷がついてできる病気であり、原因の半分以上は、たばこと生活習慣である。 ◆がんの原因をわかろうとしているか。
取り組む	○がんのことをくわしく知る ・がんは、早く見つけて、早く治す。がん検診の必要性。 ・早期がんの9割は治る。 ・がんになっても多様な治療法と薬、緩和ケアの充実により、日常と同じような生活を続けることができる。 ・がん治療は、長期間かかることがあるので、がん患者の心の支えが大事になる。	医師の話（14分） ◆生涯にわたり健康な生活を送っていくために多くの人が関わっていることに気づいたか。
まとめ	もしも身近な人が　がんになったら、その人のために自分はどんなことをしてあげられるでしょうか？ ◎がんの勉強をして、よかったなと思ったこと、疑問に思ったことや感想を書きましょう。 ワークシートに記入(5分) 発表(4分)	◆限りある命の大切さに気づくことができたか。

特集 ノーマライゼーションと養護教諭の役割

6年保健学習　病気の予防　「がんはどんな病気？」　話の要点

【T】今日は「がん」について学習します。「がんはどんな病気？」でしょうか。そして、さらに「がん」から、いのちについても考えを深めてほしいと思います。そのために、病院で、がんの専門の研究をしている林先生がいらしてくれました。

【林】みなさん、こんにちは。

【T】では、「がん」という病気のことは聞いたことがあると思いますが、がんについて思うこと、感じること、どんな病気なのか知っていることを言ってみてください。『がんって、なに』という絵本でわかったことや、どんなことでもいいです。

　　○どうして、がんになるのかなあ。
　　○がんになると痛いのかなあ。
　　○がんって、どこにできるのかなあ。

【林】そうですね。
　「がん」という病気が、なぜ起こるかというと、この本にもあったように…人は非常にたくさんの細胞からできていて（60兆個の細胞のページ）、毎日たくさんの細胞が死に新しい細胞が作られ入れ替わっているのです。だから、傷が治ったり、皆さんの体が大きくなったりするんです。でも、さまざまな理由や原因で、がん細胞が生まれてしまうこともよくあります。
　ただし、どこかに『がん細胞』ができたとしても、それがふつうはどんどん増えていくことはありません。なぜかというと、人には「がん細胞」をやっつける、「免疫」という素晴らしいチカラがあります。つまり、たとえ「がん細胞」ができても、自分のもっている「免疫」パワーが、がん細胞を壊してくれるんです。
　でも、そんな免疫のチカラも、残念ながらいつも完璧に働くわけではありません。何らかの原因で免疫パワーが不足して、「がん細胞」を退治する働きが間に合わないと、「がん細胞」が次々に分裂して、一気に増殖してしまうことがあります。
　それが、肺にできると肺がん、胃にできると胃がん、皮膚にできると皮膚がんという病気になります。これは暴走列車のように、どんどん勝手に増えて、私たちの体をだめにしてしまいます。

【若林】つまり、人はとても多くの細胞からできていて、皆、細胞が生まれ変わっているので、細胞が新しく作られるときに誰でも『がん』になる可能性はあるということですね。細胞が新しく作られるときに体の中のコントロールが失敗して悪い細胞ができ、そしてその悪い細胞がどんどん増えてしまうと、『がん』という病気になってしまう。

　では、みなさん…どんなことが原因でがんになってしまうと思いますか？林先生の話を聞いて、資料を見せてもらって感じたり、考えたり、気づいたこと、家の人から聞いたり、テレビで見たことと結びつけて思ったことなど、隣の人と1分間話し合って、ワークシートに書いてみてください。

（話し合いの後、発表）

担任や養護の先生方に、授業に適した項目を挙げてくれた児童をピックアップして発表

板書；どんなことが原因でがんになるか
　たばこ、野菜をあまり食べないなどの偏食、加工食品などに含まれていることがある発がん物質、運動不足、心や体のストレス、（遺伝）、（食事の焦げ）

【林】そうですね。皆さん、よく知っていますね。驚きました！じつは、がんは、生活習慣と関わりが深い病気です。これまでの研究から、がんの原因には、たばこやお酒、食事など日常の生活習慣が関係していることが明らかになっています。
　とくに、たばこの煙は、発がん物質があり、がん細胞を作りだすような、とても恐ろしい作用があります。食事の欧米化により肉料理が増え、高カロリーの食事が多くなり、また塩分摂取が増えたこと。そして野菜不足ががんの原因といわれています。
　運動不足やストレスは、「免疫パワー」を低下させて、がん細胞をやっつけることができなくなります。

【若林】「免疫パワー」が弱っていたら、悪い細胞が出来たとき、やっつけられないということですね。つまり、がんにならないようにするためには、免疫力を高め丈夫な体をつくることが大切ということですか？ということは、多くのがんは、生活習慣を改善することで、予防できるかもしれませんね。

【林】つまり、日頃から規則正しい生活をして、好き嫌いのない食事をしていれば、「免疫パワー」が高まります。絶対に『がん』にならないわけではありませんが、悪い細胞が出来ても、自分の「免疫パワー」で「がん細胞」を退治して、『がん』になる可能性を減らすことはできるんです。

【若林】林先生、私が病院で働いていた頃、20年以上も前ですが、がんになったら助からない、がん＝死といった感じで、がんはだれもが恐れていた病気でした…でも、今はだいぶ治るようになったのですか？

がん教育を実践するために

【林】最近は手術や薬の治療もすごく進歩しているので、もし早期に発見できれば、じつはがんの9割は治すことができるんですよ。でも『がん』が小さいうちは、なかなか症状が出ないので、『がん』にかかっていても気がつかないことが多くて、それが悩みのタネなんです。

【若林】どうすれば、早く見つけることができるのですか？

【林】一番いいのは「がん検診」です。血液を取って調べたり、エックス線で撮ったりして、症状が出ないような小さい『がん』を見つける検査をします。会社や保健センターで指定されたクリニックや病院に行けば、だれでもいつでも受けることができますから、皆さんのお父さんやお母さんも、たとえ何も症状がなくても、毎年きちんと検診を受けてほしいですね。

ここまでは、『がん』にならないための予防と、「がん検診」による早期発見について学んできました。ただ、残念ながら『がん』が見つかっても、すぐには治らない場合もあります。私は医者として、今まで数えきれないくらい、そんな『がん』患者さんたちを診てきました。患者さんたちには、とても多くの悩みがあります。

（スライド）ああ、腰が痛くてつらいわ。頑張ってつらい治療をしているのに、私はもう治らないかもしれない…もしかしたら、子どもを残していなくなってしまうのかもしれない…。

【林】現在は、病院でもクリニックでも、患者さんが『がん』と闘うときには、治療をする医者だけでなく、看護師さんや薬剤師さんなど、全てのスタッフがチームを組んで患者さんをサポートします。また、医療の進歩とともに、直接『がん』を治す治療だけでなく、緩和ケアといって、患者さんの体の痛みや苦しみだけでなく、つらい気持ちや生活の心配まで、幅広く患者さんの悩みを解決するような治療も行われるようになってきました。でも、じつは私が患者さんたちの経験を通じてわかったことは、私たち病院スタッフの力よりも、患者さんのご家族や仲間が支えてくれる力の方が、はるかに大きいことがある、ということなんです。

【若林】今日は、せっかくの機会ですから皆さんに考えてもらいたいと思います。もしも身近な人が「がん」になったら、その人のために自分はどんなことをしてあげられるでしょうか？ワークシートに書いてください。

数分後、発表

【林】「がん」は大変な病気です。でも、『がん』になることが特別ではなくなった今、私は皆さんに『がん』という病気を通して、いのちの大切さや生きることの素晴らしさを知り、家族の絆をあらためて感じてもらいたいと考えています。もし皆さんの身近な方が『がん』になったら、決して避けることなく、そっと寄り添ってあげてください。それが患者さんにとって、最高のチカラになると、私は思います。

【T】林先生ありがとうございました。がんは命に関わる病気なんですね。限りある命だから、今を大事に生きることを忘れないようにしなくてはいけませんね。

【林】今、日本では「がん」という病気にかかる人がとても増えています。ですから、皆さんの知っている人ががんにかかっているかもしれません。今日勉強したようにがんは、特別な病気ではなく、だれでもなる原因を持っています。多くの人がかかる「がん」がどんな病気か小学生のみなさんにも知ってほしくて、私はみなさんの所へ来ました。今日勉強したこと（がんは生活習慣を改善することで予防できる・早期のがんはほとんど治すことができるけど、症状がないので、検診を受けないとわからないこと）などをぜひおうちの人に話してください。そして、限りある大切な命です。いじめやけんかはストレスをつくるもとです。明るく、仲良く楽しいことを探して生活してください。

※授業用のスライドは、林先生とイラストレーターのいしざわあいさんが製作。キャラクターのばるんとともに子どもたちにがんについてわかりやすく説明しています。

ノーマライゼーションと養護教諭の役割

がん教育を実践して感じたこと

「がんという病気は聞いたことはあるけど、自分には関係ない病気だ」と身近な病気ではないがんをどう教えるか、なぜ小学生という早い段階に学習させるべきか悩みましたが、がん教育を通して、がんの性質とがんの早期発見の大切さを知り、いのちを大切に考える子どもたちになってほしい、そんな思いから授業を行いました。

今は、がんの半分以上が治る時代になったといわれています。しかし、多くの人が、がん＝こわい病気、がん＝死のイメージを抱きます。私自身、30年前の数年間看護師として、がん患者さんの看護に携わりましたが、苦しむ患者さんを前に何もできず無力感を味わった経験があります。それでも、がん発見が遅くなった人たちは「限りある命を大切に生きよう」と家族や医療者に励まされ必死で頑張っていました。子どもたちには生命の大切さを意識するとともに、がんは早く見つけて治療することが大切だということに気づいてほしい。そのために、自分の体、生活環境に注意を向け、より健康的な生活習慣を心がける子どもに育ってほしいと思うのです。

がん教育を学んだことで、生きている限り誰にでも起こりうる病気や死にいかに向き合うかという難しい問いについて自分自身の気付きをベースとして、命に対する新たな意識を育てることは、子どもたちにとって大切なことだと思います。

子どもたちの反応

授業後の子どもたちの感想をいくつかご紹介します。

・初めは、がんという病気を聞くと死というイメージが強かったが、医療で治すことができる病気だとわかった。自分や家族ががんにならないようにするために、生活習慣を改める必要があることがわかった。運動や栄養バランスのよい食事をすることは、普段から心がけられることだと思う。

・「がんになると死んでしまう」ということが、違うとわかった。早めの検査や、栄養のバランスとか、ストレスをためないということが、がんを生まれさせないことなのだと思った。前、だれかに聞いた話で、がんの人が、病院の人に「あと半年の命です」と言われて、あと半年だから、遊んだり、楽しいことをしていたら、がんが治っていたと言っていた。だから、一番心のケアがいいのかなと思った。

・がんは、やはりこわい病気だと思ったが、早期に発見すれば90％の人が治ると知ってよかった。なぜなら、祖父ががんで、毎日薬を飲んでいるからだ。治ってほしいと強く思った。また、今日の授業のテーマ「大切ないのちを守ろう」について、守る方法は、薬や手術だけかと思っていたが、子どもなど周りの人の緩和ケアも効果があることを知った。お母さんは、少し病気を患っている。だから、そんなお母さんや祖父には、温かい言葉をかけていきたい。

・がんは細胞のミスコピーでなることを初めて知った。またたばこの煙にも害があることも初めて知った。習い事に行くときや遊びに行くときによくたばこを吸っている人を見かけるので、その煙はさけたい。また、チームの飲み会や忘年会でよく大人の人たちがお酒を飲んでいるので注意したい。お父さんにも注意したい。

・学習する前までは、治らなくて死んでしまう人

がん教育を実践するために

がほとんどだと思っていたが半分以上の人が治っているとわかって安心した。もし家族や友達ががんになったら、いつも通りに生活して、いろいろなことで支えていきたいと考えた。学習で学んだことを今後に生かしたいです。

・がんは特別な病気ではなく、他人事ではないとわかった。また、自分がなったときのことだけでなく、身近な人がなったときのことも考えておかなければいけないと思った。身近な人がなったときは「病は気から」とよく言うので、励ましたり、支えるなどマイナスの言葉を言わないようにしたいと思う。

・私は、おばあちゃんが食道がんと乳がんで、食道は全部取ったのでもうありません。でも、とても良い食生活だったし、ストレスもないようだったし、お酒やたばこも吸ったことがないのに、なぜがんになったのだろうと思いました。2時間のがんの授業で、受動喫煙でもがんになるとわかって、おじいちゃんがたばこを吸っていたからなってしまったのかなと思いました。

・がんがたばこや酒の飲みすぎでも原因だから、身の回りにそのような人がいたら言ってあげようと思った。予防は食事、運動、睡眠などの自分たちができることがあるから、今から予防をしていけば大人になってからもかかる可能性が低いから予防しようと思った。

・ぼくは、将来サッカー選手になりたいから、がんにならないようにたばこやお酒は控えるようにしたいと思った。今回の学習でがんについていっぱい知ることができた。ぼくにとってがんは、とても怖くて、特別な病気だと思ったがふつうの病気だとわかってよかった。

・がんは、菌がうつるのではなく、自分の細胞のミスコピーを免疫力が少なく、やっつけられないからだと知った。マスクだけで十分だと思っていたけれど、これからは、好き嫌いをなくしたり、睡眠をしっかりとったりして免疫力を増やし、がんに気をつけたい。

壁新聞とパワポ教材

ぜひ一度お試しください！

- お試し購入：「心とからだの健康」ご購読者さま限定サービス！
- 読者特典：
  - パワーポイント教材のダウンロードサービス開始！
  - 特別価格にてご提供！（今号特集著者原稿のため）

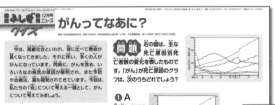

がんってなあに？

日本人の2人に1人がかかるという「がん」。「がん」の正しい知識を知っておくことは、今とても大切です。がんの基礎知識から、**がん細胞がどうしてできるのか、免疫力とがん、早期発見の大切さ、がんを防ぐための生活習慣**について、わかりやすく説明しています。ビジュアル編はパワーポイント教材になっているので、保健指導にもおすすめです。

子ども健康相談室

トンネリングとは？
トンネリングが起こっているときの対処法

回答　玉川大学教職大学院教授　田原 俊司

トンネリングとは何ですか？

相談　最近、「トンネリング」という言葉を耳にするようになりました。あまり聞き慣れない言葉ですが、どのような意味なのか教えてください。また、トンネリングによる長所や欠点にはどのようなものがあるのかもご教授ください。さらに、トンネリングによる実例があれば示していただけるとありがたく思います。

トンネリングとは

　トンネリングとは、トンネルに入ると目の前の一点しか見えなくなり視野狭窄(きょうさく)に陥るように、一つのこと・ものに集中して「極端に視野が狭くなること」です。特定のこと・ものに興味・関心・気持ちが集中したり、恐怖や不安を感じたりしていると、その特定のこと・ものばかりに意識が向けられ、それ以外のもっと重要なこと・ものへの認識がいつの間にかおろそかになり、周囲にあるものが目に入らなくなってしまう（視野・注意が非常に狭まる）状態を指します。もともと行動経済学で用いられていた用語ですが、心理学でも使われるようになりました。

トンネリングによる正の効果：集中ボーナス

　人は、トンネリング状態に陥ると、特定のこと・ものに意識を集中させるので、特定のこと・ものに対しては処理をスムーズに進めることができるようになることがあります。

　たとえば、原稿執筆を依頼されたとします。提出期限は1カ月後です。よりよい原稿を執筆するためには、いつ原稿を書き始めればよいと思いますか。依頼された瞬間から執筆を開始すれば、よりよい原稿が書けるのではないかと考える人がいると思います。しかし、正解は「原稿締め切り日が迫るギリギリになって執筆する」です。

　締め切り日が近づいてくれば、他にすることがあっても、執筆に集中せざるを得なくなります。気持ちを執筆に専念させることで余計な雑念が取り除かれ、よりよい原稿を書く可能性が高まります。

　この例のように、時間が不足することで集中力が高まることを「集中ボーナス」とよびます。

トンネリングとは何ですか？

集中ボーナスは時間に限定されません。ものやお金でも同様の集中ボーナスが起こります。一例をあげると、お小遣いが十分にあれば、商品を買う際、あまり考えずに必要のないものも買ってしまうという無駄遣いをするかもしれません。しかし、お小遣いがあまりなければ、商品を買うにしても、十分に検討して、本当に必要と考えるものだけを買うようになります。

トンネリングによる負の効果

トンネリングによる効果は正のものばかりではありません。むしろ負の効果の方が多いといわれています。

負の効果としては、トンネリング状態に陥ると、自分自身の問題で頭がいっぱいになり、視野が狭くなり、目先の表面的な問題を解決することに専念するため、さらに問題を悪化させてしまうことが起こりやすくなることです。たとえば、部活で友だちとけんかをしたなど嫌なことがあって気持ちが落ち込んだとします。その嫌なことばかりを考えていると、嫌なことに意識が集中し、いっそう気持ちが落ち込んでしまうことになりかねません。

また、テストの成績が悪く、勉強時間が足りないと思っている子どもがいるとします。成績を上げることばかりに気をとられ、夜遅くまで勉強すると睡眠不足になり、日中の学校の授業に集中できなくなり、さらに成績が悪くなるといった悪循環に陥ってしまうこともあります。

一般にトンネリングが積み重なると「上の空」となり、処理速度・能力が著しく低下します。また、緊急の課題だけに意識が集中してしまうので、1つのことを仕上げたら、その次の緊急課題に意識を集中して仕上げなければならないといった「次から次へのやりくり」（ジャグリング）が起こり、真の解決策に気づかないまま、達成には至りそうにない努力を続ける悪循環に陥ってしまいかねません。トンネリング状態になると、冷静に考えることができなくなってしまうのです。

トンネリングが影響する身近な例

トンネリングの例として取り上げられるものにつぎのケースがあります。貧困に苦しむ低所得者の家庭では、毎日のやりくりをするため目先の金銭問題の対応に終始してしまうといったトンネリング状態になり、貯蓄や子どもの教育、貧困から抜け出すためにどうすればいいのかといった長期的視点に立つことが困難になります。その結果、貧困であるがために借金をし、その借金がさらに貧困を引き起こし、借金を重ねてしまう悪循環から抜け出せない状況を生み出してしまいます。

トンネリングは貧困のような社会的問題だけでなく、子どもの身近な問題、たとえば保護者の養育態度や虐待、体罰といった問題においても大きく関係しています。飛行機を安全に運行させるための指示を行う航空管制官は、一つ指示を間違えれば大事故につながってしまうため、緊張を強いられる職業です。その航空管制官が忙しいときとそうではないときで、自宅に戻ってからの子どもへの養育態度がどう異なるのかを調べた研究があります。

結果は、仕事が忙しかったとき、子どもを意味もなく叱る傾向が強くなることがわかりま

子ども健康相談室

した。多忙な仕事によるフラストレーションが怒りを引き起こし、子どもに八つ当たりをしていたと考えることは可能ですが、航空管制の忙しさがトンネリング状態を生み出し、航空管制以外のことに気が回らなくなってしまうことで、普段の生活の中ではできていた子どもへの配慮ができなくなってしまったとも考えられます。

また、保護者からひどい虐待を受けている子どもの場合、部分的に記憶がすっぽりと欠落してしまう心因性健忘が起こることがあります。その原因として、虐待といった恐怖に関係することに意識が集中してトンネリングが起こることにより、虐待を受けていない時間の記憶力・集中力が極端に低下してしまったと考えられます（虐待の場合、その過酷な事実を抑圧して忘れるケースもあります。その場合はトンネリングではなく、解離性障害と考えられます）。

さらに、教師から体罰を受けている子どもの場合、体罰をしている教師の担当科目の成績がなかなか上がらない、あるいは授業の理解度が低いといったことが起こりがちになります。その理由も、体罰をふるう教師に対する不信感・恐怖感でトンネリング状態になり、授業に集中できなくなるためと考えられます。

今回は説明を割愛しますが、トンネリングは「勉強の成績が悪くなる」「不注意なミスをくり返してしまう」「いつまでも孤独から抜け出せない」「ダイエットできない」「けがを頻繁にする」「薬をきちんと飲めずいつまでも症状が良くならない」「出費を抑えようとしても浪費をくり返してしまう」などの身近な諸問題に、さまざまな形で大きな影響を及ぼしている可能性があります。

トンネリング状態になると、一つのこと・ものに集中してしまうため、その他のことに注意がいかなくなる

トンネリングが起こっているときの対処法

相談　テストの成績が悪いため、夜遅くまで塾で勉強し、帰宅後も深夜まで勉強を続けている子どもがいます。この子どもに話を聞くと睡眠時間が明らかに不足していました。その結果、授業にも集中できておらず、成績がさらに悪くなるといった悪循環に陥っていると思われます。この子どもはトンネリング状態にあると考えられます。どのように指導したらいいのか教えてください。

トンネリングが起こっているときの対処法

トンネリングへの対応事例

　トンネリングによって心理的視野が狭くなると、目先のことに心を奪われ、それ以外のことに意識が向かわなくなるため、自分自身や周囲の状況を冷静に見つめることができなくなります。

　今回の相談事例にあった子どもも、テストの成績を上げるためには睡眠時間を削ってでも勉強時間を増やさなければならないと短絡的に考えてしまい、トンネリング状態に陥っていると思われます。

　トンネリング状態になると、何かアドバイスをされても、本人が考えていることとは異なる場合なかなか受け入れようとはせず、むしろ反発することも珍しくありません。

　そのようなとき、どのように子どもを指導すればいいのでしょうか。有効な示唆を与えてくれる例が、「いつも『時間がない』あなたに：欠乏の行動経済学（ハヤカワ・ノンフィクション文庫）」（センディル・ムッライナタン、エルダー・シャフィール著）です。

　米国ミズーリ州の救急病院であるセント・ジョンズ地域医療センターには32の手術室があり、年間3万件もの外科出術が行われ、急患が出ると深夜の午前2時に手術するほどでした。慢性的に手術室が不足しているため、その状況を打開するために、つぎの3つの選択肢が考えられました。

　　A.手術室を増設する
　　B.残業を増やす
　　C.その他

　これらの選択肢の中でAやBを選ぶと、医師や看護師など急患に対応する人々の労働時間はさらに増えることになります。病院の理事会が医療改善機関から招いたアドバイザーは、この救急病院が置かれている状況を分析し、Cの選択肢を提案しました。Cの選択肢の内容は「手術室を1つ使わずに空けておく」というものでした。

　この提案を聞いた医師は、「手術室が今でも全然足りないのに、そのうちの1つを使わないままほっておくなんて！」「私たちはすでに大忙しなのに、…まともじゃない」という反応でした。

　しかし、病院はこの提案を受け入れ、手術室を常に1つ緊急用に空けておくようにしました。その結果、病院が受け入れられる手術は5.1%増え、午後3時以降に行われる手術の件数は45%減少し、病院の収入も増えました。それ以降の2年間、病院の手術件数は毎年7〜11%増加しました。

　なぜ手術室を1つ予備に空けておくと、手術できる件数が増えるのでしょうか。この病院で手術室が足りなくなっていたのは、急患の患者が大勢運び込まれていたからでした。手術室がすべて使われている状態では、緊急手術が必要な患者が運び込まれてきた場合、予定されていた手術のスケジュールを変更しなければなりません。そのために医療スタッフが何時間も待たされて、手術が深夜にまで及んでいました。手術室を1部屋、空けておくことにより、急患が運ばれてきてもスムーズに手術ができ、本来予定されていた手術のスケジュールを変更する必要もなくなり、結果として手術室を増設したり、医療スタッフを深夜まで働かせたりしなくてもよくなりました。

子ども健康相談室

「無駄」が大切

上述した例は、トンネリングに陥っている人に、どのように指導すればいいのかを示してくれる格好のケースです。

トンネリングに陥っている人は、目先のことばかりに気を取られるので、冷静に考えることができなくなり、精神的余裕がなくなります。そのため、上述の例では、医師たちは手術室を1部屋空けることに最初は猛反発します。しかし、「1部屋を常に空けておく」という無駄を作り出すことで、逆に余裕が生まれ、手術のスケジュールがうまく実施できるようになりました。

この無駄をスラックス（「ゆるみ」「ゆとり」「余裕」）と呼んでいますが、トンネリングに陥っている人に対しては、この無駄・余裕を強制的にでも作り出すことが重要なポイントになります。

今回のご質問の子どもの場合、成績が上がらないため、寝る時間を惜しんで勉強しています。勉強のスケジュールは過密になっていることが予想され、予定通りには進まないこともあるはずです。そのようなとき、あえてスラックス（すなわち勉強しない自由時間や、早く寝る時間）を確保することにより、計画通りに進まない事態に対して対処できるようにすることが大切になります。

一般にスラックスは無駄な時間と見なされがちです。しかし、多くの諸活動では予定通りに進むことはほとんどないので、むしろ無駄な時間を作っておくことこそが重要であり、トンネリングに陥っているときほどスラックスが必要となります。

トンネリング状態の人にスラックスを作るように指示すると、「時間がないのにスケジュールを空けておくんですか。それこそ変です」と反発されることがしばしばです。しかし、子どもには、「ほとんどの計画は予定通りには進まず、予想外のことが必ず起こる。そのようなとき、一見無駄に思えるスラックスが必要になり、ものごとがスムーズに進む場合には必ずといっていいほどスラックスが用意されている」と説明してください。

スケジュールに余裕をもたせ、スラックスを用意しておくことで、スケジュールの組み換えの時間も必要とならず、かえって時間の節約になるのです。

トンネリングは人の処理能力も低下させる

トンネリング状態に陥っている人は、目先の問題への対処に次々に追われて脳は疲れ、処理能力が一気に低下するようになります。すると、以前は容易にできていたことも前より時間がかかるようになり、さらに時間が不足するという悪循環を生み出してしまいます。

このような悪循環になると、不安・心配が心の中に沸き起こり、これらの精神状態がさらに処理能力を低下させてしまうことが知られています。不安・心配で頭がいっぱいの人はIQ（知能指数）も著しく低下し、平均的だったIQが知的障害との境界域にまで低下してしまうことも珍しくありません。

処理能力を回復させるためには、スラックスを作り出し、睡眠や食事の時間、あるいはストレスを低下・発散させるレクレーションや趣味の時間を確保することが大切です。

ヒヤリハット体験事例から学ぶ

頭部外傷の事例を通して

リスクマネジメント養護教育研究会
公立小学校　養護教諭

　本稿は、小学校で運動会の練習中に発生した事例です。運動会を翌日に控え、児童全員がわくわくした気持ちになっていた時期です。高揚感がある時期にはトラブルやけがが起こりやすいと常に緊張感をもっていました。特別時程になり担任の目が行き届かないときに何か起きた場合、報告・連絡・相談の大切さを考えながら動いていましたが、連絡の仕方に課題が残った事例がありましたので、以下に紹介いたします。

事例	後頭部を打撲した　小学3年生　男子
発生状況	運動会を翌日に控え、朝の体育館では応援合戦の練習が行われようとしていました。全校児童の登校が完了し、着替えを済ませ体育館に移動しようとして、ざわついていたときに体育館で児童が鬼ごっこをし始めました。B君がA君を追いかけ、A君は後ろ向きに走っていたところ、B君が（追いついて）A君の足を踏み、A君はそのまま後ろに倒れ、後頭部を打撲しました。A君はその場で泣いてしまい、周囲にいた児童が私（養護教諭）を呼びに来ました。体育館には他の学年の児童もおり、A君が動けないで泣いていると周囲の児童が騒いで集まってきており、騒然とした状況でした。
経過・対応・結果	支援員の先生がA君に付き添っていましたが、転倒したときの様子は見ていなかったとのことで、騒ぎ出してから異変に気付いたということでした。まずは周囲の児童を下がらせながらA君の状況を観察しました。同時に6年生に頼んで周りで騒いでいる低学年を通常の隊形に並ばせるよう指示しました。 　A君は手足の痛みやしびれがなく寝返りもできることから、立つように促しました。すぐに立ち上がることができ、そのまま保健室に連れて行きました。歩行の様子から、ふらつきもなく真っすぐに歩けており、痛みの訴えもないことから緊急性は低いと判断しました。話を聞くとB君と鬼ごっこをして後ろ向きに倒れたこと、頭を打って痛いことを話してくれました。後頭部の観察では、腫れや発赤、切り傷はなく、横になり打撲部位を冷やすことにしました。手や腕には赤みがなくA君も転倒したときに手をついたかはわからず、どのように後頭部を打ったのかも判断できない状態でした。 　他に負傷部位はなく、頭だけが痛いということでした。泣いていた原因は周囲に大勢の人がおり転倒し動揺したことではないかと思いながら観察をしていました。近くで状況を見ていたであろうB君も、保健室に呼んで話を聞きましたが、同じような内容でトラブルが原因ではなく、遊んでいて倒れたことが確認できました。A君の担任に保健室へ来てもらい、現在の状態を伝え負傷した状況も説明しました。 　応援練習と朝の会が終わるまでの30分ほど冷却し、気分の不良がないこと、

2018-1 心とからだの健康 33

打撲部位の異常がないこと、手足のしびれもなく首を回しても痛みがないことから、1時間目から教室に戻ることにしました。

その後3時間目にグラウンドでの全体練習があり、終了したときにA君が他の児童と一緒に再来室しています。「頭はどう?」と尋ねると、ちょっと痛いと訴えていましたが、甘えたような表情と笑顔がみられ、他の児童も一緒であったため、重症だとは思わずにすぐに教室に帰してしまいました。再来室したことは、担任にも管理職の先生にも伝えていませんでした。

放課後A君の保護者から連絡があり、嘔吐したので病院を受診するとのことでした。すぐに担任と管理職とで話し合い、当時の状況を確認しました。養護教諭が行った対応やその後の担任の観察では大きな異常はなかったけれど、連絡帳や電話で家庭に連絡していなかったことが問題になりました。再び保護者から連絡があり、診察だけ行われ何の検査も行われず異常はなかったとのことでした。嘔吐したとは唾を出しただけのようで、脳実質や頭蓋骨下に損傷があり嘔吐したことでもないことがわかりました。

A君は翌日の運動会も元気に参加しています。

ヒヤリハットした原因	私がヒヤリとした原因は2つあると考えます。1つ目は連絡不足で、2つ目は再来室時の観察不足です。 　A君が病院を受診したと電話があったときはとても動揺しました。学校での様子は異常がなかったとはいえ、頭部の打撲であったためです。受傷後少なくとも24時間は異常がないか注意し、安静にするよう気を付けています。しかし今回の場合、保護者に連絡が伝わっていませんでした。そのため家庭でA君の話を聞いた保護者が、頭を打ったことを心配されて病院を受診しました。もし学校での様子や養護教諭が行った対応を知っていれば、もう少し冷静に様子を見て考えることができたのかもしれません。A君の保護者に連絡するように担任に伝えるべきでした。 　また、管理職に伝えていなかったことも反省しました。緊急性が低い場合であっても医療機関を受診する必要がない(と判断した)場合であっても、報告することで児童の様子を伝えることができます。私は養護教諭としての経験が浅いため、なおさら一人で判断するのではなく、指示を仰いだり、保健室の様子を発信したりしていくことが必要だと思いました。 　2つ目はA君が再来室したときにしっかりと観察していなかった点です。1時間目から教室に戻り、3時間目の全体練習が終了したときにA君は頭部の痛みを訴えています。しかし他の来室者の対応で忙しく、A君の甘えたような態度から観察を怠り、大丈夫であろうと思っていました。ここでしっかりと話を聞いていれば、異常がないことを本人にわかるように伝えられたかもしれません。何か異常があった場合は、その発見につながったかもしれません。児童が保健室に来たときには、訴えをよく聞いて丁寧に対応することが大切だとあらためて反省しました。
今後の対策の視点	頭部のけがは学校でよく起こるけがの一つで、適切な対応が必要だと常に意識しています。しかし、今回の事例のように連絡不足のために家庭で混乱したり、大丈夫だと判断した自分が動揺したりすることがあるとわかりました。学校でけがをしたときは、行った処置や大丈夫だと判断した根拠を保護者に伝えることが大切です。そして当然ながら担任や管理職などにも報告・連絡し、一人で判断せずに複数人で考えていきたいです。来室者の対応で忙しくなると時間の余裕がなくなります。そのようなときこそ落ち着いて、保健室に来た児童の気持ちを考え、しっかりと話を聞く、観察をすることを忘れないようにしたいです。

ヒヤリハット体験を通して学んだこと

　今回の事例を通して、頭部外傷についての正しい知識を勉強し直しました。頭部外傷には、外部からの直接的な衝撃による一次性障害（頭蓋骨骨折や脳損傷など）と一次性損傷による出血や浮腫などが組織を圧迫することによる二次性損傷（頭蓋内圧亢進や脳ヘルニアなど）があります。受傷直後の時点ではわからなくても、経過を観察することで二次性の障害に気付くこともできます。外傷後は頭痛があり、数分から数時間の意識清明期があった後に意識障害が起こる病態は、急性硬膜外血腫の特徴です。受傷直後から意識障害が見られるのは、急性硬膜下血腫です。さらに、受傷後1～6カ月を経て発症する慢性硬膜下血腫もあります。

　頭部外傷によって脳実質や頭蓋骨下に損傷があった場合、医療機関へ早急に受診する必要があります。頭痛や意識障害といった異常が認められます。しかし皮下血腫（いわゆるこぶ）の場合は自然に治ることが多く、保健室に来る事例では多いのではないでしょうか。

　頭部の打撲で頚椎を損傷する場合もあります。そのときは四肢まひや呼吸停止に至ります。意識がある場合は手足のしびれや首の痛み、可動域の制限などを観察し、異常がないかアセスメントします。

　頭部外傷にかかわらず、学校で起こったけが全般に当てはまることですが、受診の必要があるか見極めが重要で、専門的な知識をもち適切にアセスメントすることが大切だと再確認しました。正しい知識があれば、担任や管理職にも状況を伝えることができ、受診の必要性も伝えることができます。今回の事例を通して頭部外傷による病態を詳しく勉強できました。その他の病態もしっかり勉強し、常に使えるようにしておきたいです。

今後の改善策と課題

　独立行政法人日本スポーツ振興センターの「学校管理下の災害（28年度版）」によると、学校管理下における災害のうち、頭部のけがは全体の6.5％ですが、小学校で8.8％、幼稚園で10.7％、保育園などでは8.7％発生しており、よく出遭う災害の一つです。他の部位と比較し重症化すると脳機能の障害が起きて後遺症を残す場合や、まれに死に至る場合もあります。首から上のけがは常に注意深く観察するようにしていますが、どの点を何のために観察するのか考えることが必要だと思います。脳実質や頭蓋骨下の損傷を疑って頭痛や意識障害を観察する、頚椎の損傷を疑って四肢のしびれや首の可動域を観察する、といったように何を見ているのか明らかになれば、児童への説明がしやすくなります。また担任や管理職にも大丈夫だと判断した（またはそうでないと判断した）根拠を伝えることができます。

　今回の事例は運動会前という児童が高揚している時期に担任がいない場面で起こっています。学校生活でけがを防ぐことが重要ですが、けがが起こりやすい時期にはとくに注意する指導が必要だと考えます。学校が組織として安全な環境に努めるだけでなく、児童一人ひとりが安全に関する知識を身に付け、行動できるようにすることが大切です。

好評！ けんこうなせいかつ

1・2年生用

6つの単元で構成

【きそく正しいせいかつ】・【しょくじ】・【歯のけんこう】・【うんどう・せいけつ】・【たいせつないのち】・【あんぜんなせいかつ】

浜島京子／編
福島大学人間発達文化学類・教授

健学社

養護教諭なんでも相談室

インクルーシブ教育システムの開始に伴う合理的配慮の提供と養護教諭

回答者　杏林大学　亀崎路子

質問　入学した児童の中に、発達が気になる児童がいます。また、昨年度の平成28年4月1日から合理的配慮の提供が始まりましたが、現場では、合理的配慮とは何をすることなのか、具体的に何をすればよいのか、保護者からの申し出はないがそのままでよいのか、これまで行ってきた教育的な配慮とどう違うのか、よくわかりません。他の学校での様子なども知りたいです。

（公立小学校　養護教諭）

回答

1. 共生社会の形成に向けて

「共生社会」が意識され始めたのは、平成の時代になり、国際連合（UN）による障害者に対する施策を推進する決議や対策の影響を受けて、国内でも「ノーマライゼーション」や「リハビリテーション」という言葉が聞かれるようになった頃です。わが国は、少子高齢社会を迎え、日本経済は長期停滞の時期にあり、いじめによって子どもが自殺をするという出来事が社会に衝撃を与え、子どもたちの心の健康が重視されるようになりました。そのような動向の中で、多くの養護教諭が、子どもが保健室を訪れてさまざまに訴える様子から、自他共に大切にできる子ども、支い合える子どもを育てることが必要であると感じたことと思います。学級や家庭、あるいは地域において、子どもたち同士、子どもと大人の関わりの中で、「共に生きる力」を育むために、養護教諭として何ができるかを考えることは大切なことと思います。

現在は、この20年余りの間に、さまざまな施策（表1）が推進され、誰もが相互に人格と個性を尊重し合う共生社会の形成を目指して、「インクルーシブ教育システム」がスタートしています。具体的に、①「障害のある者と障害のない者が共に学ぶ仕組み」、②「general education system（一般的な教育制度）から排除されないこと」、③「初等中等教育の機会が与えられること」、④「個人に必要な合理的配慮が提供されること」、この4つを実現することが推進されています。さらに、国・都道府県・市町村、学校等が必要に応じて、合理的配慮の基礎となる「基礎的環境整備」を行い、「連続性のある多様な学びの場」を用意するこ

表1　障害者や共生社会の形成に関する近年の施策の動向

平成14年　新「障害者基本計画」、新「障害者プラン」策定
平成19年　「障害者の権利に関する条約」署名
平成23年　「障害者基本法」改正
平成24年　「共生社会の形成に向けたインクルーシブ教育システム構築のための特別支援教育の推進（報告）」（中央教育審議会初等中等教育分科会）
平成25年　「学校教育法施行令」改正
平成25年　「障害を理由とする差別の解消の推進に関する法律」（障害者差別解消法）公布
平成26年　「障害者の権利に関する条約」批准
平成28年　「障害者差別解消法」施行

ととなっています。

2. 学校における合理的配慮の提供は合意形成のプロセスが大切

　実際に、合理的配慮の提供を実現するとは、どうすることなのでしょうか。法律に書いてある定義は難しく、現場に浸透するにはいくつか課題があるようです。学校現場で取り組むべきことは、「①本人、保護者の意思表明を受け、建設的な対話を行い、合意形成を図ること」と、「②特性に応じた配慮をすることとあわせて、社会的障壁を取り除くこと」[1]の二つにまとめることができます。障害のある児童生徒や保護者の意思表明が前提になるので、学校側は、希望を受け止められるように、学校だよりなどで相談できる窓口をわかりやすくお知らせをして、意思表明をしやすい仕組みを作ります。その後、実行できる内容について建設的な話し合いをします。ポイントは、「障害のある児童生徒に、学習目標は変更せずに、個別の特性に応じた配慮を提供すること」[1]です。たとえば、運動会で徒競走のピストルの音が苦手で運動会を休む子どもがいたら、その背景にある聴覚過敏という特性をみて、ピストルの代わりに、笛・手旗によってスタートの合図をするように調整を行うなどです。また、合意した内容は個別の教育支援計画に明記するようにします。合理的配慮の提供は、開始した後に、必要に応じて見直しをしていきます。このように、各学校で、障害のある子どもと保護者、学級担任、特別支援教育コーディネーター、養護教諭、管理職等関係者が、個々に合意形成をし、実践・評価・改善をくり返すプロセスが大切です（図）。

3. 合理的配慮の実際―発達障害を例にして

　内閣府が、関係省庁、地方公共団体、障害者団体などから事例を収集・整理し、事例集として取りまとめた中から、学校教育の場面における合理的配慮の提供事例を一覧表にしました（表2）。障害の種類に応じて、必要な配慮も違ってくることがわかります。参考にしてください。

相談体制・相談窓口の告知
↓
①子どもと保護者との面談
学級担任、特別支援教育コーディネーター、管理職等が情報交換し、丁寧に聞き取る。

②校内委員会での協議
子どもの状態を見立てる。学校としてできること・できないことを明確にする。方針を決める。

③管理職の判断
方策を決定する。

④合意形成
子ども、保護者、学級担任、特別支援教育コーディネーター、養護教諭、関係者、管理職など。

⑤個別の教育支援計画に明記
合意内容を記録し共有する。個別の指導計画に活用する。

⑥職員会議で共通理解
全教職員に共通理解を図る。

⑦実践・評価・改善
教職員が協力して対応する。

⑧定期的面談

図　障害特性に応じた合理的配慮のプロセス

　一方、日頃、養護教諭が特別支援の必要な子どもたちに応じる中で困っていることは何かという質問に対して、①障害の特性理解や支援の見立て、②保健室での対応、③教職員との協働、④保護者の要望に対する合理的配慮、⑤卒業後の進路などに困っているという回答が見られます[2]。とくに、発達障害のある子どもは、周りから障害特性が理解されにくかったり、本人も障害についての認識が十分でなかったり、他者に助けを求める力がないことから、意思表示に至らず、合理的配慮のプロセスを困難にしているようです[1]。

　また、発達障害の子どもについて事例検討を行った例[2]では、養護教諭が、まずは子どもがとっている行動や背景を理解して、校内で問題を共有しつつ、教育的な配慮を考えた支援が熱心に検討されていました。しかし、保護者の要望はあるのですが、本人が何を望んでいるのかがなかなかつかめないでいることが課題となっていました。本人や保護者が困っていることを丁寧に聞き取り、そこから何を望んでいるのかをくみ取り、意思表示を確認して、代弁していくことが大切であるとわかります。さらに、保護者の要望に対しては、まずは聞き取ることに集中して、その場では即答しないことです。日を改めて、関係者と会議

等を開いて話し合い、そこで整理した学校としての対応を保護者に返していく中で、合意形成を得ていくというプロセスが大切であることがわかります。

4．さいごに

共生社会の形成に向けて、障害のある子どももない子どもも共に学ぶ仕組みができ、互いに尊重し合い、支え合って成長していけるように、養護教諭は教職員と共に役割を担っていくことが、子どもたちの「共生して生きる力」を育むことにつながっていくと思います。

表2 合理的配慮の提供事例（内閣府）

	困っていることや合理的配慮の提供の申し出	どのように合理的配慮を提供したのか
視覚障害	後で復習するときに使いたいので、授業を録音させてほしい。	授業の録音は禁止されているが、障害の状況から合理的配慮の提供に当たると判断し、録音機器の使用を認めることとした。
	黒板に書かれている重要な箇所について、赤色のチョークで強調されると、色覚障害があるためわからなくなってしまう。	強調したい箇所があるときは、他の見やすい色のチョークを用いたり、カラーチョークではなく波線によって強調したりするなど、黒板の書き方を工夫することとした。
	通常のテスト問題用紙では、印刷された文字が小さくて、弱視なので読むことができない。	拡大文字を使ってテスト問題用紙を作成した。また、拡大鏡などの補助具を使用できることとした。
聴覚・言語障害	難聴がある影響で、授業を聞くこととノートを書くことの両立が難しいときがある。	授業の撮影は禁止されているが、障害の状況から合理的配慮の提供に当たると判断し、黒板の撮影を認めることとした。
	出席点呼を聞き取れないが、他の生徒と同じように返事をしたい。	出席点呼をするときには、口頭だけではなく身ぶり・指文字・手話などを加えて、その生徒に自分の順番となったことが伝わるようにした。
	【災害時】避難所で弁当の配給時間などのアナウンスがあっても、聞こえないので情報を得ることができない。	掲示板やホワイトボードなどを用いて、アナウンス内容を文字化してお知らせするようにした。
肢体不自由	教室移動に時間を要することなどによる遅刻を認めてほしい。	障害に起因する遅刻を認めることとし、成績評価においては、出席基準の緩和やレポート提出などの代替手段を設けた。
	試験中にトイレへ行けるようにしてほしい。トイレは多機能トイレを希望する。	試験会場を多機能トイレの近くにある部屋にするとともに、座席についても部屋の出入り口の近くを割り当てた。
	下肢装具を着用しているが、皆と修学旅行に参加したい。現地では他の生徒と一緒に行動したい。	下肢装具を着用していることを前提として、移動ペース、休憩場所、ホテルの部屋割りなどを検討し、できるだけ他の生徒と一緒に行動できるよう計画した。
	子どもの運動会を見学したい。車いすを使用しているのだが、車いすのまま見学できる場所はあるだろうか。	保護者が見学する場所は先着順の自由スペースであり、車いすでは移動しにくい位置もあることから、車いすのまま見学しやすいスペースを別途設け、そちらへご案内した。
精神	障害の状況によっては、授業中に情緒不安定になってしまうことがある。	情緒不安定になったときには、落ち着くまで一人になれる場所へ移動して休むことができるようにした。
発達障害	文字の読み書きに時間がかかるため、授業中に黒板を最後まで書き写すことができない。	書き写す代わりに、デジタルカメラ、スマートフォン、タブレット型端末などで、黒板を撮影できることとした。
	教員の話を聞いて想像することが苦手なため、内容を理解することができない。	絵、写真、図、実物などを見せることで、授業内容や活動予定を理解しやすいように配慮した。
	周囲の物音に敏感なため気が散ってしまい、集中して学習に取り組むことができない。	教室内での耳栓使用や、別室への移動により、静かな環境で課題に取り組めるようにした。
	パニックを起こしてしまうことがあるので、授業中に問題の回答者として指名しないでほしい。また、指名しないことを他の生徒には伝えないでほしい。	各授業の担当教員が事前に情報共有しておき、他の生徒に気づかれないように指名対象から外す配慮を行った。
	先を見通すことが苦手なため、初めての活動に対して不安になり、参加することができない。	活動を始める前に、これから活動する内容や手順について説明して確認することで、安心して取り組めるよう配慮した。
	絵画の授業時にいつもパニックになってしまうので、落ち着いて授業参加できるようにしてほしい。	パニックの要因が色覚過敏であることが見込まれたため、色みの薄い用紙や色鉛筆の使用許可などを配慮し、落ち着いて授業参加できるようになった。
	集団で行動する授業に適応できずにいるが、本人の希望としては参加したいと思っている。	無理のない形で段階的に移行することとし、徐々に集団で行動する時間を増やしていく授業スケジュールを計画した。
内部障害、難病	定期的な通院が必要であることから、授業や試験を欠席することが多くなってしまう。	担当教員の間で授業や試験における配慮について情報共有を行い、欠席が多くなる場合には、レポート提出などの代替手段を設けることとした。
	生徒が学校にいる間も定期的に薬を飲む必要があるが、うっかり飲み忘れてしまうことが何度もあった。	生徒本人がアラーム機能付きの時計を持つようにしたほか、担当教員も一緒に時計のアラーム時間を設定して、薬の飲み忘れがないよう声をかけるようにした。
	症状の特性などについて、学級担任の教員だけではなく、各教科担任の教員にも知っておいてほしい。	学級担任が聞いたことは教科担任へも伝え、関係者全体で情報共有するようにした。
	マラソンなどの体育の授業は、体力が落ちてきており難しい。	参加が難しい競技は見学し、そのレポートを提出することで成績評価することとした。

引用文献
1) 「リレー連載　合理的配慮　学校現場でどうすすめるか（第1回～第8回）」（月刊学校教育相談，2017年4月号～11月号）
2) 「特別支援における養護教諭のかかわり―合理的配慮を視野に入れて―」（日本学校健康相談研究，2016，13（1），96-102）
3) 「障害者差別解消法【合理的配慮の提供等事例集】」（平成29年4月，内閣府障害者施策担当）

学校保健アラカルト
知っておきたい保健の情報

この稿で
ちょうど100ページ目です

九州共立大学　照屋 博行

あけましておめでとうございます。新しい年が始まります。今年もどうぞよろしくお願い申し上げます。

さて、読者の皆さま、このアラカルトに私の拙稿を掲載させていただいてから、本稿をもってちょうど100ページ目となりました。最初の稿は、2009年の10月号でした。当初、健学社の故細井健司社長から、1年間の連載というお話だったのですが、気付けば足かけ11年となってしまいました。元来、文章を書くということを得意としているわけではない私が、よくもまあ続けられたものだなぁと、正直思っているところです。

毎月5日までの原稿締め切り日に遅れてはならない、という焦る気持ちが時にはストレスになって、締め切り日までもう時間がない中、夜中にふと目を覚ますと一体何を書こうか、何を書けばいいのか、今月はもうキャンセルさせてもらおうか、と思ったこともしばしばありました。

このようなときにいつも思い出すのは、ある中学校での教科教育の公開研究会で、美術の先生が「絵の描けない子どもは私の先生です」と発言されていたことです。

その先生は、「絵を描くとき、子どもたちだけではなく、誰もが上手に描こうとしています。しかし、上手に描こうとすればするほど、描けなくなってしまいます。今、この私に絵を描きなさいと言われたら、私はすぐに描くことはできません。でも、ある風景に『ん！？…』と何か心動くものを感じたとき、絵筆は不思議に進み始めています。そのときには絵を上手に描こうなどとは思っておりません。ただ私が感じたことを素直に描きたいだけなんです。子どもたちに絵を描きなさいと言ってもすぐに描き出す子と、そうではない子がいます。なかなか描き出せない子に、さあ早く描きなさいと言っても無理です。私はそういう子には、描くことをせかせるのではなく、ここからの景色はこういうところが素晴らしいね。あのようなところがおもしろいねと気付かせることで、子どもは描き出しています。そして、出来上がった絵を見ますと、今度は私が気が付かなかった、その風景の素晴らしさやおもしろさを子どもたちは見事に表現しているのです。私はそういう子どもの感性に学んでいます」と話され、そのお言葉に感動したことがありました。

このお話を思い出しながら、文章を書くということもそれに通ずるものがあるのではないでしょうか。

良い文章、きれいな文章を書こうと思えば思うほど、なかなか書き出すことができません。でも、あることに何かを感じ、最初にこういうことを書き、最後にこのような表現でまとめてみたい、と思うと不思議に筆が進んでいます。そのときはもちろん良い文章を書こうなどとは全く思っておりません。とにかく書き上げたいという気持ちだけです。

でも、書き上がった文章を読み返すと文意が明らかでない箇所が目につくこともよくありました。自分が読んで理解し難い文章を他の人が読んだら、なおさら理解不能となるでしょう。

どのように文章を書けば、人は読んでくださるのか。自分自身が納得できる文章構成、起承転結は明確なのか。私の固くなった頭を柔軟にして、これからも書くことの喜びを実感していきたいと思っております。

お答えします！
性に関する健康相談の実際
～養護教諭の持ち味を生かす～

学校保健研究サークル「さくら草」(埼玉県) 小学校養護教諭(20代)

事例『友人に胸を触られている児童』(小6女子)

(1) 健康相談の概要

10月中旬、A子とその同性の友人3人が「相談がある」と言い、業間休みに保健室へ来室した。A子は、自宅で同じクラスのB子と2人で遊ぶときに衣服の上から胸を触られることがあるとのことだった。

女性の担任も含めて個別にそれぞれ事情を確認したところ、B子は自宅にあった保護者のマンガの中の性描写に興味を持ち、A子にしていたことがわかった。

（ 単発で終了 ・ 継続的な支援 ）

(2) 問題の背景の把握

A子は身長が低いが、体の発達が早く、胸のふくらみも目立っており、学習面で後れをとることもあった。B子は身長が高いが、A子より体の発達は遅く、学習面で困難を感じることはあまりなかった。A子とB子は共に初経は迎えていた。

学校でのA子とB子は、他の友人も含めて一緒に会話をしたり遊んだりすることはあったが、2人きりで行動することは少なかった。A子は話し好きで比較的明るい性格であったが、嫌なことを嫌と主張することが苦手で、B子は、はっきり自己主張ができる性格であった。

B子は、A子の体の発達が進んでいて興味があったことや、A子の性格から受け入れてくれるだろうと思い、A子の胸を触るという行為を続けていた。A子は性的関心や知識が乏しかったこともあり、自分がされていることを深刻に捉えていなかった。友人に話をしたところ、自分たちだけで解決できることではなく、保健室で相談した方がよいと促され、来室した。

(3) 養護教諭の支援（キーワード：自分を大切に、自分の体は自分のもの）

（その日の放課後、A子との保健指導にて）

○相談しに来てくれてありがとう。友だちがいると話しにくい部分もあると思うから、あなたからじっくり話を聞かせてほしくて来てもらったの。いつ、そういうことがあったの？

○A子さんの家で遊んだときね。家の人がいないときだったんだ。何回かあったの？

○1回だけじゃなかったんだね。B子さんは、マンガで見たことと同じことをしてみようと言ったんだね。そのときどう思った？

○びっくりしたし、いやな気持ちだったんだね。「やめて」と言ったことはあるの？

○そうか、友だちだから言いづらかったんだね。でも、おかしいと思ったことや間違っていると思ったことは、はっきり言っていいんだよ。それが言えるのが「友だち」だし、何より自分を大切にしないとね。

○女の子の友だちからされたことだから、悪いことではないかもしれないと思ってしまったんだね。でもね、

男女関係なく、人に触られていやと思う体の部分ってあるでしょ？もし、その部分を触られそうになったら、いやとはっきり伝えていいんだよ。それは同性であっても同じなんだよ。自分の体は自分のものだからね。

○言いたくても言えず、悩んでいたのはつらかったね。もし言葉で言えなくても、2人きりで遊ばないようにしたり、距離を置いたりして自分を守る方法もあるよ。

(4) 支援方針・支援経過

保健室で相談後、すぐに担任と管理職に報告し、担任と養護教諭で個別に事情を確認する場を設け、指導した。

【A子への指導】
・自分がされていたことに疑問を抱いていたものの、断れず受け入れていたため、他人の性的な部分に触れることは、たとえ同性であっても容認してはいけないことを伝えた。
・はっきり「やめて」と言葉にすること、性の被害にあわないよう2人きりにならない、逃げる、人を呼ぶなど自分を守るためにできることを一緒に考えた。

【B子への指導】
・思春期に入り、性に関して関心を持つのは自然なことと話したうえで、その関心を他人に向けてしまうのはいけないことを伝えた。相手の気持ちを考えないと性の加害になってしまうこともある。
・マンガやインターネットなどで得る情報は、必ずしも正しい情報ばかりではなく、情報源が明確ではないものもあることを伝えた。

【A子、B子の保護者への報告】
・学校での相談および指導内容を伝えたうえで、A子の保護者には、自身の体を守るために言葉や行動で相手に示すことの大切さを、B子の保護者には、思春期の心と体の変化を踏まえながら、自分だけでなく相手の気持ちを尊重して行動選択ができるよう家庭でも話す機会をもってほしいことを伝えた。

【学年全体への指導】
・思春期に入ると、これまで経験したことのない変化が心や体に現れ、性に関心を持つようになる。「知りたい」と思うのは必然だが、正しいかどうかわからない情報をうのみにしたり、"勃起""射精"のように性的な言葉を人前で言ったり、ドラマなどで見た性的な描写を実際にしたりするのはいけない。相手や周りの気持ちを考えて、お互いに尊重し合い生活してほしいことを伝えた。

(5) 評価（養護教諭のふり返り）

A子が最初に頼った場所が保健室であった。信頼関係を崩さないよう丁寧に話を聴き、慎重に対応した。初回相談の時点で、すでにB子はA子の体に触れる行為をくり返していた。今後エスカレートする可能性も考え、早急に担任と管理職に報告し、本人や保護者と個別に話し合う場を設けた。

B子は、A子に対して行っていたことは、最初はよくないことという認識があったが、A子が断らなかったこと、相手は同性であるということで、「胸を触っても大丈夫」「嫌がっていない」と思うようになっていたようである。性の被害や加害は同性間でも成立することを2人に伝え、認識を改めさせた。

この学年は、以前より人前で性に関する言葉を平気で発したり、男女交際をしている児童がいたりするなど、性に対する関心が高いように感じられた。スマートフォンを持つ児童も多く、性に関する情報が容易に得られる環境でもあった。そのため、一度養護教諭の立場から指導する必要があるのではないかと考えていた。修学旅行前の相談だったため、自然な流れで学年全体への指導ができ、よい機会であったと思う。

男女仲良しという良さもある学年であるため、その良さを生かし、自分を大切に、相手も大切に、互いの性を尊重し合える関係づくりができるよう見守っていきたい。

子どもの声が聴こえますか 37

子ども家庭教育フォーラム　荻野ゆう子

自らを「メンタル弱い」と言う子どもの心

人は誰しも年齢、性別を問わず悩みと無縁でいられることはありません。なぜなら悩みは人との関わりから生まれるからです。人は人との関わりなくして生きられません。そして一人ひとりに個性があるように、誰かの悩みと自分の悩みは同じではありません。悩みはその人の生き方、価値観から生まれる唯一無二のその人固有のものです。その人の悩みとパーソナリティーは表裏一体です。悩みをきっかけに自分のパーソナリティーに気づき、ものの見方や感じ方を深めていくことができるのです。そう思えば、悩みを抱えていることはつらく、しんどく、孤独なことですが、悩んでいる自分や悩みをいたずらに否定することは自分自身を否定するだけでなく、自分の心の“伸びしろ”を切り捨ててしまうことにもなりかねません。

とはいえ、効率を求める現代社会では人は悩みを抱えることは時に無駄な時間を費やすことであり、そんな自分は弱いと思うことは少なくありません。何か目標に向かって成果を出せるまで途中休憩することなく頑張りきれる心を求めすぎているのではないかと思うのです。「心が折れる」という言葉にも完璧を求める息苦しさを感じずにはいられません。

就職活動を来年に控えたA子さん（19歳・大学2年生）が「自己分析」をしているうちに行き詰まってしまったと相談室を訪れて言いました。

「私、メンタル弱いんです…このままだと就活もできないですよね…」

A子さんは思い詰めたような表情を浮かべて言いました。就職活動という節目をきっかけにこれまで気づかなかった自分に戸惑っているようでした。

「『メンタル弱い』って、どんなこと？もう少し聞かせてもらえますか」と、私は尋ねました。

「あ、えーっと…就活準備で会社研究や自己分析しているとすごく焦って、いくら準備してもどこからも内定をもらえないような気がしてすごく落ち込んで、でも大学の成績もいいし頑張っているから大丈夫って思い直したり…そんなことをしているうちに、大学へ行く途中で過呼吸で何度も倒れたり…突然、体中にじんましんができたり…何でこんなこと起こるんだろうって考えていたら、就活のプレッシャーにつぶされているんだって気づいたんです。誰でも就活していたらいろいろなストレスとかプレッシャーはあると思うけど、過呼吸になったり、じんましんが出るわけじゃないですよね。皆大変なのに倒れないで頑張っているのに、私はダメだって…自分がこんなにメンタル弱いとは思わなかったです…」と、A子さんは今までためてきた思いを一気

に吐き出すように話しました。

「自分でもショックでしたか。こんなこと起こるなんて今まで考えられなかったって感じですね。『メンタル弱い』という言葉はよく使うんですか？」

「私は自分のことをけっこう努力家だし、強いって思っていました…過呼吸になるとか、自分でコントロールできないなんて、ほんとにメンタル弱すぎですよね。倒れるほどつらかったとは自分で思えないんです。自分のことなのにわからないなんて…」と言う彼女はいかにももどかしそうでした。

「そういうのを弱いって言うのかなぁ。気づかないうちに頑張りすぎてしまって、体が『頑張りすぎないで』って発信したということですよね。もし過呼吸とかじんましんが起こらなかったら、どうなっていたんでしょうね」と、私は彼女に自分の違和感を問いかけました。

「私は弱いって思います。就活の準備なのにもう緊張や焦りでいっぱい、いっぱいになって、頭がパニックになってしまうんだから…もっと冷静に落ち着いて考えられるようにならないといけない。でも、できない。自分のキャパを越えてるんだと思う。でも、やらなきゃ就活できないじゃないですか！」と話しながら感情が高ぶるＡ子さん。目に涙がうっすらにじんでいます。

「そうなんですね。Ａ子さんの言うように自分のキャパを越えているとしたら、ひと休みした方がいいかもしれないですね。でも、ひと休みしたら自分がいっぱい、いっぱいでキャパを越えてしまったことを認めたようで、ひと休みできないのでしょう。苦しいですよね。そんな中で頑張っているんですね」と、私は彼女の心の中の葛藤を思いながら言いました。

「頑張っている自分が私には当たり前のことでした。いつも何かに追われているような感じで。でもそれでこれまでやってきました。だから就活も同じように必死に資料を集めて企業研究して…自己分析して気づきました。私は必死に駆けずり回っているのに結果を出せずいつも空回りしているんだって…そう思ったらすごく悲しくて、悔しくて…でも、そんなことでくじけたらいけないって自分に言い聞かせたり…」と、彼女はこれまで思ってきたことを言葉にしようとしていました。

「いろいろ注文をつけたくなるけど、それが今の自分なんですよね。わかっているけどなかなか『それもいいよね』って言えないんですよね。でも、その理由を考えるとかえってわからなくなる。黒白をつけた結論は出ないんじゃないかな。割り切れない心を割り切ろうとして訳がわからなくなっているんでしょうね。メンタルが弱いかどうかを考えるよりも、少し先のことを考えてみませんか。これからも就活準備をするために何をしたらいいでしょうね」と、私は言いました。

Ａ子さんが悩んでいる自分にこだわって、動けなくなっているように感じられたからです。

「話しながら自分があれこれ理由を並べては『自分は大変なんだ。でも頑張っているんだ』って言い続けているんだなぁって、今、思いました。しかも、しつこい。さっきこれから何をしたらいいかって言われて、そういうことを考えなかったなぁって思いました。いっぱい、いっぱいになる前に休憩をとることにしようと思いました。今はそれくらいしかできないけれど、考えすぎて悩みにはまらないようにしないとだめですよね」と、Ａ子さんは初めて笑顔を見せてくれました。

決め付けることで必死に自分の心を守っていたのでしょう。自分の悩みや心と向き合うことには勇気がいるけれど、それが自分を受け入れていくプロセスであると思うのです。

今月の健康目標

みんなが仲良くするために

みんなが仲良く学校生活を送るには、つぎの3つの心が大切になります。自分に足りないと思う心はどれでしょう。

はい、いいえでチェックして、いいえのついたところについて、考えてみましょう。

思いやり

- 困っている子に「どうしたの？」と聞ける
（はい、いいえ）

- おうちの人の手伝いをよくする
（はい、いいえ）

すなおさ

- 注意されたことは反省する
（はい、いいえ）

- 「ありがとう」とお礼を言える
（はい、いいえ）

やさしさ

- 小さい子の面倒をよく見る
（はい、いいえ）

- 花や動物を大切にする
（はい、いいえ）

◆今月の私の目標◆

◆1ヵ月をふり返って◆

◆おうちの人からひと言◆

年　名前

小学校低学年におすすめ　2月　すぐに役立つ「保健だより」資料

通学路にはいろいろなキケンがある！

みなさんが毎日通っている「通学路」には、いろいろな危険が潜んでいることがあります。「知ってるよ！」という人もいると思いますが、もう一度、確認しましょう。次の問題では、「知ってるよ！」と思っていたのに被害にあってしまった人の例を出しています。一緒に考えてみましょう。

Q1 こうたさんは、下校途中にいつも見かけるおばさんに「ちょうど、おいしいお菓子を焼いたの。よかったら家で一緒に食べましょう」と声をかけられました。もし、あなたがこうたさんの立場だったら、あなたはどうしますか？ 右の1～4から選びましょう。

1：家に遊びに行き、お菓子を食べる
2：家に行かず、お菓子だけ持ってきてもらう
3：家に遊びに行くけれど、お菓子は食べない
4：いりません、と断る

この場面で気をつけるべき注意点があります。下の○に入る言葉を右の□から選びましょう。

ついて○○ない
さそいに○ない
「助けて」と○お声を出す
○ぐに逃げる
おとなの人に○らせる

あぶ
いか
し
そ
す
と
の
も
お
く

Q2 えりさんは、友だちと自転車で信号のない交差点を渡った先にある公園に遊びに行くことにしました。友だちが、交差点を渡ったので、慌てて追いかけると、曲がり角から急に車が飛び出してきました。もし、あなたがえりさんの立場だったら、あなたはどうしますか？ 下の1～4から選びましょう。

1：先に友だちが交差点を渡っても、自分は自分で左右を確認する
2：先に友だちが交差点を渡っても、交差点ではいったん停止する
3：お年寄りや小さい子が飛び出してくるかもしれないから、スピードを出しすぎない
4：自転車事故が小学生に増えているので、十分に気をつけて乗る

答え：Q1 4が正解　　1 しらない ひと　　Q2 すべて正解

小学校におすすめ **2月**
すぐに役立つ「保健だより」資料

インフルエンザを予防しよう！

インフルエンザがはやっています。毎日の手洗い・うがい、マスクで予防しましょう。また、睡眠、栄養に気をつけることも大切です！体の抵抗力を高めて、インフルエンザを予防しましょう！

ウイルスを体の中に入れないようにしよう！

ウイルスのついた手で、目や鼻に触ると、ウイルスが体の中に入ってしまいます。また、のどの繊毛が乾燥するとウイルスを追い出す力が弱くなります。

外から帰ってきたときの手洗い・うがいを忘れずにしましょう。

- ウイルスのついた手で物を食べない
- ウイルスのついた手で目や鼻を触らない

ウイルスがいやがる環境をつくろう！

インフルエンザウイルスは乾燥が大好き。冬は空気が乾燥し、また暖房をつけるとさらに空気が乾燥します。

室内を加湿しましょう。

- 室内に洗濯物を干す
- 水の入ったバケツを置く
- 加湿器をつける

マスクで自分とまわりの人を守ろう

インフルエンザウイルスは、せきやくしゃみ、つばや鼻水と一緒に飛び散ります。

ウイルスを吸い込まないように、また、かかった人はウイルスをまき散らさないようにマスクをしましょう。

- マスクをするとウイルスをまき散らさない
- マスクをするとウイルスのはいったつばなどを吸い込まない

インフルエンザにかかったら

インフルエンザにかかったら、高熱が出ます。でも、熱が出て2～3時間だと検査をしても、インフルエンザかどうかわからないことがあります。熱が出てからしばらくたってから病院で検査しましょう。

また、その間も他の人にうつさないように、家で安静にしていましょう。学校には、熱が下がった後2日たってから登校してください。

節分には「福は内！ 鬼は外！」

2月3日の節分には、「福は内！ 鬼は外！」と叫びながら大豆をまいて鬼（災難）を払い、無事を願う行事があります。

豆まきをするときは、自分の中の鬼も追い出すつもりでやってみるのはどうでしょう。

イライラ鬼
子どもをイライラした気持ちにさせる悪い鬼

好きなことをしたり、悩みを相談したりしてイライラを解消しましょう

食べ残し鬼
子どもに好ききらいをすすめる悪い鬼

野菜や魚、何でも残さずよくかんで食べましょう

ねぼう鬼
子どもを布団の中でつかまえてねぼうに誘う悪い鬼

朝、目が覚めたらすぐ布団から出て顔を洗い、朝日を浴びましょう

むし歯鬼
子どもを甘いものに誘い、歯みがきをさせない悪い鬼

おやつをだらだら食べたり、歯みがきを忘れたりしないようにしましょう

メディア鬼
子どもをスマホやテレビに長時間付き合わせる悪い鬼

スマホやテレビは1日2時間以内と決めて、後は外で遊んだり、読書をしたりしましょう

夜更かし鬼
子どもを夜おそくまでねかせない悪い鬼

眠っている間に「成長ホルモン」が出ます。おそくても10時にはねるようにしましょう

あなたの中のいろんな鬼を追い出して、2018年も元気に過ごしましょう！

花粉症ってどんな病気？

くしゃみ、鼻水・鼻づまりなどの症状がみられたら、まずは「かぜかな？」と思うことでしょう。でも、かぜ以外にもう一つ疑われるものがあります。それは「花粉症」です。

スギやヒノキなどの花粉が原因で起こるアレルギー性の病気です。

花粉症とかぜの違い

花粉症		かぜ
花粉	原因	ウイルス・細菌
何回も続けて出る	くしゃみ	それほど続けて出ない
水っぽくさらさらしている	鼻水	粘り気があり色もついている
かゆみ、充血、涙が出る	目の症状	ほとんどない
ほとんど出ない	熱	37度台の発熱がある
アレルギー体質の人がいる	遺伝	とくにない
飛散時期は症状が出る	発症の期間	短期間で治る

花粉症の主な症状

肌荒れ／まぶたが腫れる／鼻水・鼻づまり

耳のかゆみ／目のかゆみ

頭痛／くしゃみ・せき／のどのかゆみ

花粉症の人も、そうでない人も花粉症対策を忘れずに！

外出するとき

対策を立てないと花粉が服などにたくさん付く

帽子、マスク、めがねなどで花粉の付着をブロックしよう
花粉が付きにくい素材のコートを着よう

帰宅したとき

そのまま室内に入ると花粉を室内に持ち込んでしまう

玄関先で花粉を払い落とそう
手や顔（目・鼻の穴）をよく洗い、うがいをしよう

普段から

花粉対策を何もしないと室内にも花粉が入り込む

室内を清潔にし、窓は開けたままにしないようにしよう
窓の下をふき掃除しよう

健学社のホームページから
ダウンロード可

たばこの煙の恐ろしさを知ろう!

主流煙と副流煙

主流煙: 肺に吸い込んだ煙
⇒吸引燃焼で高熱水蒸気を含む白色煙

副流煙: たばこの先から出る煙
＋吸った人が吐く煙
⇒自然燃焼で不完全燃焼に近い煙と吸引後に吐き出される煙

たばこの煙に含まれる代表的な有害物質と健康障害

タール: 発がん物質を含む。肺がん、心臓肥大、胃かいようなど

ニコチン: 依存性がある。血管収縮、中毒、おう吐、動脈硬化、血流減少など

一酸化炭素: 無色無臭の有毒ガス。思考力・判断力の低下、頭痛、めまい、息切れなど

右記の他に、約70種類の発がん物質、約200種類の有害物質、約4700種類の化学物質が含まれているといわれています。

たばこを1本吸うと、寿命を約14分も縮めてしまうといわれています。

Q 電子たばこなら害はないの？

A: いいえ！

電子たばこは、「煙が少ない」「においが少ない」ことから、「害が少ないのではないか」と思われていますが、紙のたばことほぼ同じ成分でできています。
・無色に見える煙にも有害物質が含まれている
・においがない煙にも有害物質が含まれている
ことが確認されています。

電子たばこに切り替えても
「禁煙」や「減煙」にはなりません！

Q たばこの害は全身に及ぶって本当？

A: はい！

たばこには約70種類の発がん物質、約200種類の有害物質などが含まれており、がんをはじめ、全身の病気の原因に関係があることがわかっています。これらは副流煙に多く含まれているので、一緒に生活する人の健康も損ないます。

中学・高校におすすめ　2月
すぐに役立つ「保健だより」資料

― ほけんだより（2月）―

さぁ、みんなで笑ってみようッ

人間は笑うと気持ちが落ち着いて、心地よくなる脳内物質が分泌され、さらにがんを殺すことで有名なNK細胞が活性化します。つまり、心にも体にも効くんです。

免疫力UP！
- 間脳が活発になる
- 免疫機能ホルモンが分泌される
- NK細胞が活性化される

心から笑うことが一番理想的ですが、顔だけでも笑ってみたり、作り笑いをしてみたりするだけでもいいんです。
そして、その笑っている顔を自分で見るのもとても効果的なので、鏡の前で口角を上げて、ニッコリしてみてください。気持ちが切り替わる感覚が得られると思います。

顔を上げて、姿勢を正してみよう！

こんな姿勢になっていないかな？

・ぼけ防止
笑っている時間が長いほど、幸せな充実した人生になりそうだね。

・肩こり改善
運動した後みたいに体がほぐれるよ。

・人に好かれる
しかめっ面の人と笑顔の人、どっちと遊ぶ？
遊ぼう／遊ぼう

・エネルギー消費
どや！

むしゃくしゃするのがなくなった！

相方の先生の笑い方が笑い袋みたいで、つい先生も笑っちゃいました。
ごめーん

大変なことがあったことを伝えたかったのに、相方の先生にはオチをつけて話をしてしまい、面白いことがあったと伝わってしまったようです。
なんで笑うねん

なんか、昔のカゴみたいでした。
ん!? 姫??
エッサーホイサー

先生なりの、すんごい勢いで駆

しかし、その子は担架に横たわるのがイヤだと言うので、座って保健室まで運ぶことにしました。

テーマを選んだ背景
- ●「笑い」には免疫力を高める効果があり、さまざまな病気の予防につながるという知識を身につけてほしい。
- ●受験生に少しでもリラックスして生活してほしいという養護教諭の願いを込めて。
- ●みんな元気に笑ってほしいという願いを込めて。

中高の3年生は「困ったときの神頼み」「わらをもつかむ思い」の状態になっている頃です。保健室を訪れる子どもたちにも、教室で頑張っている子どもたちにも、学校に来れない子どもたちにも、思いっ切り笑ってほしいと思います。今は無理でも…。(村上)

健学社のホームページから **ダウンロード可**

笑う門には福来る！

笑う門には福来る！

「笑い」の力はすごい。「笑う門には福来る」ということわざがありますが、じつは「笑い」の効果は思っている以上に絶大です。

笑い → 前頭葉が興奮する

前頭葉は脳の司令塔です。ここの機能が落ちると、何事にもやる気がなくなります。

笑いの効果

他にもこんな効果があります。

・鎮痛効果
・リラックス効果

ほけんしつにっき

女の子が教室で倒れていると言うので…
先生！早く来て！
ぜぇはぁ ぜぇはぁ
あれ？痛くない…

●病気の予防法を羅列せず、あえてひとつ"笑うこと"にしぼる

・「笑う」という行動は、免疫力を高める効果があるので、インフルエンザをはじめ、いろいろな病気の予防に役立ちます。その他にも、生活をより豊かに楽しくする効果もあります。笑いというネタからさまざまに話を膨らますことができ、いつものほけんだよりが、より興味深いものになるかもしれませんね。

本校の養護教諭は複数配置ですが、当時の相方であった近澤先生はいつも笑っている人です。ニコニコというより、ケタケタと笑い転げる感じなので、思わず私までもらい笑いしていました。おかげでいつも"まぁいいや"と楽観的に毎日過ごすことができたことに今でも感謝しています。

大阪府池田市立渋谷中学校養護教諭
村上美紀

イラスト・カット 2月

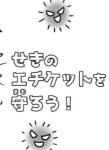

イラスト・カット 2月

節分！心の鬼を追い出そう！

寒さに負けない心と体！

運動不足になっていませんか？

インフルエンザに気をつけて！

自然治癒力を高めよう！

今月の健康目標

中学・高校用

ほけんだより 2月

チョコレートって体にいいの？

寒くても適度な運動を

思春期の体の変化

入浴後湯冷めしないうちに布団に入ろう

体を温める野菜を食べよう
にんじん　にんにく　たまねぎ　れんこん　ねぎ　かぼちゃ　ごぼう　とうがらし　こんにゃく　しょうが　にら

悩み事や心配事は保健室に

自分の発する言葉
相手がどう感じるか考えよう
「わたしはこうした方がいいと思うけど、どうかな？」
「え〜、それじゃわかりにくいよ」

2月20日は アレルギーの日
寒さと服装
季 節 性 う つ に
気 を つ け よ う

今月の健康目標

健康歳時記

睦月 January

新春に親戚や友人、知人が親しみ合う月の意。平穏な1年であることを願うと同時に1年の目標を立てよう。

MON	TUE	WED	THU	FRI	SAT	SUN
1 元日 初詣	2 初夢 だるま市	3 ひとみの日	4 石の日 ご用始め	5 小寒 魚河岸初競り	6 消防出初め式 ケーキの日	7 七草
8 成人の日	9 とんちの日	10 110番の日 パンケーキの日	11 鏡開き 塩の日	12 スキー記念日	13	14 愛と希望と勇気の日
15 小正月 いちごの日 どんど焼き	16 囲炉裏の日	17 防災とボランティアの日 おむすびの日	18 都バス記念日	19 食育の日 いいくちの日	20 二十日正月	21 初大師
22 カレーライスの日	23 アーモンドの日	24 小雪 全国学校給食週間（〜30日）	25 ホットケーキの日 中華まんの日	26 文化財防火デー コラーゲンの日	27 初不動	28
29	30	31 生命保険の日				

今月の記念日

元日（1日）

新年にやってくる年神様を各家でお迎えし、1年間の幸せを願う正月。正月とは1年の最初の月の意。1月1日は元日。元日の朝を元旦という。門松などを飾る1月7日までを"松の内"という。（地域によっては1月15日までをいう）

	MON	TUE	WED	THU	FRI	SAT	SUN
2月				1	2	3	4 立春
	5	6	7	8	9	10	11
	12	13	14	15	16	17	18
	19 雨水 食育の日	20	21	22	23	24	25
	26	27	28				

はるちゃん先生の 子どもの"心"をくすぐる保健教材

~見て・ふれて・感じて~

No.35

石川県小松市立稚松小学校　東　春奈

ゲームとの付き合い方を考えよう（後編）

　子どもたちの日常にある、ゲームやテレビ、スマホなどを使いすぎて、ゲーム依存症になったり、心や体に悪影響が及ばないように、メディアとの正しい付き合い方を知ってもらうための掲示物を作製しました。今月は、スライドの後半をご紹介します。

プチ指導

先生

児童

　え！子どもの運動不足って、そんなに問題があるんだ…。

　骨の成長には、適度な運動と睡眠が大切なんだよ。ゲームばかりしていると、体を動かす時間が減ってしまうよね。運動と食事、それに睡眠は健康には欠かせないんだよ。

　そういえば、友だちともゲームの話しかしていない日があるかも…。

　ゲームのやりすぎで家族や友だちとの時間が少なくなるのか…なんか残念だね。

　正しい付き合い方を知って、楽しく健康に過ごすことが大事だよ。

パパッとかんたんにできちゃう ゲームとの付き合い方を考えよう レシピ

《材料》
画用紙、ラミネート、ホチキス、ビニールテープ
（※授業時には紙芝居を取り込んで、パワーポイントにて使用しました）

《作り方》
1. 本体の型紙を拡大印刷し、ホチキスとビニールテープで製本し、掲示する。

Point! 学校保健委員会でパワーポイントを使って紙芝居を流しながら、保護者の方と一緒に劇形式で発表しました。終了後、子どもたちから、「保護者が劇をしていたので、とても楽しく聞けた」「身近な話で勉強になった」という感想が聞かれました。

型紙とせりふ

※紙芝居の前半は、先月号に掲載しています。

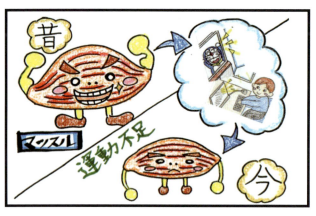

マツ：ブルーライトって目にも悪いのか。視力が悪くなって、元に戻らなくなるのは嫌だ。（ここまでが前回のお話）

マッスル：オレにも言わせてくれ！！オレはキミの筋肉のマッスルだ。マツ君が家でゲームで遊んだり、テレビを見たりして全然体を動かさないから、オレはどんどん弱っていっているんだ。

マッスル：最近、転んでも手をつかずに、頭からぶつけて大けがをする子どもが増えているのを知っているかい？その原因は、君たち子どもの運動能力の低下なんだよ。そして、運動しないと体力もつかないし、かぜをひきやすくもなるぞ。体を動かさないで、お菓子を食べながらゲームばかりしているから、筋肉が減って脂肪が増えてしまうんだ。

マツ：そうそう〜太ってきたから、動くのがなおさら面倒になってきたんだよね。

Ｄｒ：運動不足は体だけじゃなく、心にも影響があるんじゃぞ。マツ君、キミはゲームに夢中になって、友だちと遊んだり、家族と会話したりすることがほとんどなくなっていることに気づいていたかい？おばあちゃんやお母さんの話もろくに聞いていないじゃろ？自分の都合ばっかりで行動して、周りの人がどう思っているか考えてごらん？

Dr：それだけじゃない。宿題をしない、授業の復習もしない、そのせいで勉強がわからなくてつまらない、だから学校では居眠りばっかりしてしまう……そんな生活が「充実している」といえるかね？

マツ：う〜ん。たしかに、友だちと外で遊んだり、家族で楽しく話したりする時間がなかったかもしれない。ドクターメディアの言うように、僕はゲームやテレビばっかりで、今しか経験できないことをするチャンスを逃していたかもしれない。

Dr：体と心の健康のために、変えていくべきところがあるんじゃないかな。

ジリリリリリリリリー！！（目覚ましの音）

マツ：はっ！ドクターメディア？ブレイン君？あれ……？もしかして、今のは全部夢？ゲームばっかりしていたから、脳が興奮して、ヘンな夢を見てしまったのかも。でも、とっても大切なことを教えてくれる夢だった！これから自分の体と心が健康になれる生活をしようっと！

ナレーション：その後、マツ君はブレイン君、アイズ君、マッスル君にやさしい生活を送りましたとさ。おしまい。

手洗いで感染予防をしようクイズ

学校保健教育研究会

下のイラストは、4時間目の後の様子です。この中に、気をつけてほしい行動をしている場面が4カ所あります。どこだかわかりますか？理由も一緒に考えましょう。

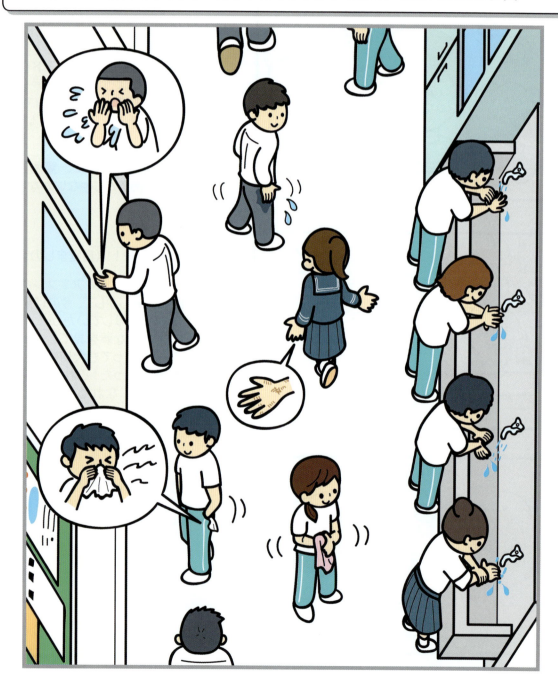

〈答え〉

皆さんはいくつ見つけられましたか？気をつけてほしい行動は下の4カ所です。

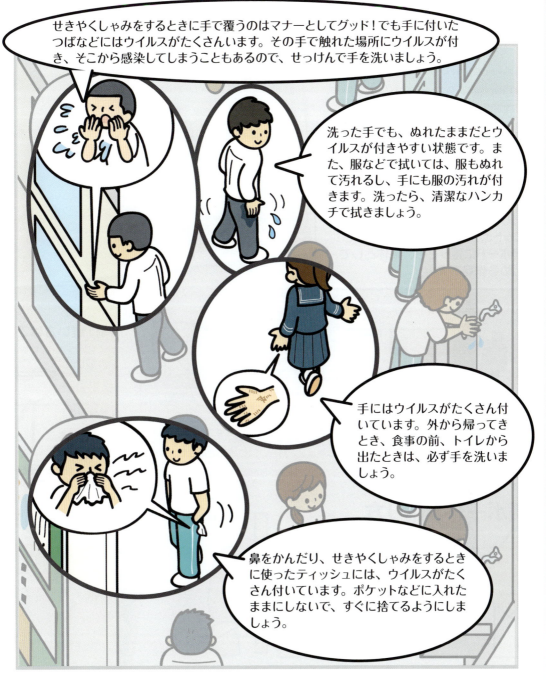

せきやくしゃみをするときに手で覆うのはマナーとしてグッド！でも手に付いたつばなどにはウイルスがたくさんいます。その手で触れた場所にウイルスが付き、そこから感染してしまうこともあるので、せっけんで手を洗いましょう。

洗った手でも、ぬれたままだとウイルスが付きやすい状態です。また、服などで拭いては、服もぬれて汚れるし、手にも服の汚れが付きます。洗ったら、清潔なハンカチで拭きましょう。

手にはウイルスがたくさん付いています。外から帰ってきとき、食事の前、トイレから出たときは、必ず手を洗いましょう。

鼻をかんだり、せきやくしゃみをするときに使ったティッシュには、ウイルスがたくさん付いています。ポケットなどに入れたままにしないで、すぐに捨てるようにしましょう。

　手洗いは、かぜ予防の第一歩です。洗うときは、手に付いたウイルスがしっかり洗い流されるように、せっけんで30秒を目安に洗いましょう。そのとき、爪の先、指と指の間、手の甲、手首、親指は洗い忘れが多いところです。意識して、しっかり洗ってくださいね。

100円ショップで作る！かわいい 保健マスコット

造形・絵本作家　松本絵里

今月の保健マスコットは…
干支かざり（戌）

2018年は、戌年です。そこで今月は簡単に作れる犬のマスコットで保健室の干支かざりを作ってみました。ふわふわした素材で作るので、癒やしのマスコットとしても大活躍間違いなし！背景ボードに張っても、単体としても楽しめる作品です。

材料

モコモコの靴下
モコモコの手袋

コルクボード

水引とフック

ポンポン（5センチ1個、1.5センチ12個、黒か茶色の1～1.5センチ1個）

お手玉

●その他：貼れる布やフェルト、段ボール、13ミリの目玉ボタン2個、小さな輪ゴム、綿、犬用バンダナかリボン、クリアファイル、羽根3枚、大きめの黒いボタン（見本では18ミリを使用）、マスキングテープ、透明マニキュア、頬紅、5センチほどのひも、接着剤、両面テープ、はさみ、針と太めの糸

簡単！縫い方はこれだけ

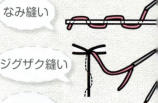

なみ縫い
ジグザグ縫い
返し縫い

背景ボードの作り方

①クリアファイルに型紙を油性ペンで写し、布やフェルトを貼って切り抜く。

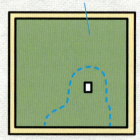

②犬の位置を決め、ひもをかける位置にフックをつける。縁にはマスキングテープを貼る。

水引を貼り、その上にポンポンを貼る
羽根とボタンを貼る
ボード
犬
①を貼る
お手玉などを両面テープで貼る

③①を両面テープで貼り、8センチと10センチに切った水引を接着剤で付けてから、ポンポンなどを飾り付けて、できあがり。

犬の頭の後ろのひもを背景ボードのフックに引っ掛けて付けられる。

背景ボードのフックは、本体ができあがってから位置を決めるとよい。

本体部分の作り方

①段ボールを型紙通りに切って、靴下の先端に入れる。

②綿をひとつかみ①の段ボールの上に乗せる。

③②の段ボールの上に5センチのポンポンを乗せて顔の形を整え、小さな輪ゴムで留める。

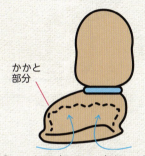
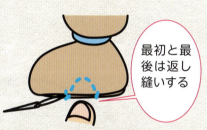

④顔にしわが寄らないよう頬の両側に綿を足す。

⑤はき口部分を内側に折り込み、胴体の形にする。

⑥胴の中央を親指で押さえ、その周囲を目安にぐるっとなみ縫いし、両面を留める。

しっぽの作り方

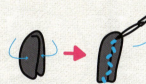

①手袋の小指を切り、切り口を1センチほど折り込む。

②①を縦に2つ折りにしてジグザグ縫いで縫い合わせ、ぎゅっと絞る。

③ぎゅっと絞るときにカーブを付けてから、下辺をぐるっとなみ縫いし、絞って留める。

耳の作り方

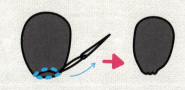

①手袋の人さし指と中指を切り、耳の型紙通りに切った段ボールを先端まで入れる。

②①の段ボールの上に綿を少し乗せてふくらみを作り、切り口を内側に折り込む。

③折り返した縁の周囲をぐるっとなみ縫いし、絞って留める。

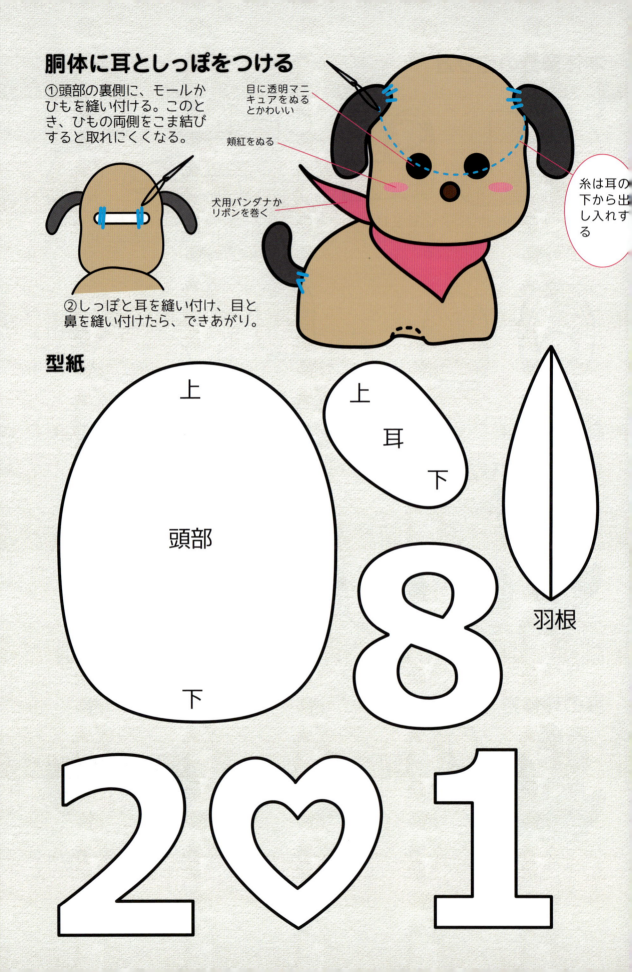

好評 だめだめ!マサルくん
まんが5分間保健指導

学校保健教育研究会 編　タカクボジュン 画
B5判　92ページ　定価 1,000円+税
ISBN978-4-7797-0228-0

楽しく読めて、ためになる!
保健指導にすぐに使える本です

　子どもたちの日常生活での健康問題をまんがで楽しく解説しています。学校現場での健康問題はもちろん、マナーや態度、健康についての疑問点などについても、主人公と一緒に考え、学べる形になっています。

内容一部紹介

- 保健室のルール(保健室・健康診断)
- 「五月病」大丈夫?(心とからだの健康)
- プールの後には…(夏休みの生活)
- 歯みがきはていねいに!(歯の健康)
- 目を大切に!(目・耳・鼻の健康)
- たばこなんてサイテー!(たばこ・酒と健康)
- 朝食抜きでフラフラ(食と健康)
- すり傷は水洗い(けがの手当て)
- うがいだけで十分?(病気の予防)
- 換気をしよう!(環境衛生) ほか
　※( )はテーマになります。

株式会社 健学社
TEL 03(3222)0557　FAX 03(3262)2615

養護教諭な日々

なるほどみかん

アイデア

健康観察表を使って保健委員と連絡を取るのが便利です。

A3サイズを二つ折りにするタイプのバインダーに、健康観察表とメモをクリップで挟む

でも、クリップがすぐになくなるので、ひもを付けました。

すると、紛失はないのですが…

予想外のことが起きました。

ひもが巻き付いて取れない

視点を変えて考える

保健指導の進め方シリーズ ⑩

生徒保健委員会の活動
（保護者への聞き取り編）

先月ご紹介した生徒保健委員会の「身近な食品に関心を持とう」の活動について、保健委員の「間食調べ」を保護者にも聞き取りをしました。その詳細について、ご紹介します。

福井医療大学　五十嵐 利恵

身近な食品に注目しよう！（保護者編）

おうちの方へ聞き取り調査を実施

生徒保健委員会の活動テーマ「身近な食品に関心を持とう」から、全校生徒に働きかける前に、身近な「間食」について調べました。先月号でご紹介したように、保健委員の子どもたちが間食として食べているものについて調べた結果、アイスやゼリー、炭酸飲料などの甘くて糖分の多いもの、スナック菓子やハンバーガーなどの油分の多いもの、カロリーの高いものが多いことがわかりました。

食品に付いている添加物表示についても調べたところ、さまざまな添加物が含まれていることがわかりました。

この調査では、保健委員の家族にも協力してもらいました。家庭で食事を作るときや、食材を選ぶ際に気をつけていることを聞き取り調査したのです。

その結果は、下のとおりです。この活動を通して子どもたちは、保護者が自分たちのためにいろいろ気遣ってくれていることを改めて知ることができました。

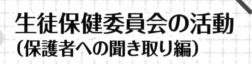

①朝夕の食事づくりで気をつけていることは何ですか？

- 一日30品目、うす味を心がけている
- 和食のメニューを多くする
- 肉と魚は交互にして、栄養のバランスがとれるようにする
- 大豆製品などを加えて、植物性たんぱく質をとれるように心がけている
- 果物をつけるようにしている
- 野菜をいっぱい食べられるよう工夫している（サラダより温野菜、具沢山味噌汁など）
- 会話のできる食卓にするようにしている

②食材選びで気をつけていることは何ですか？

- できるだけ添加物の少ないものを選ぶようにしている
- 地元の生産者のコーナーをよく利用するようにしている
- 生産者の写真や名前入りだと安心感がある
- 無着色、無農薬のものを選ぶようにしている
- 商品に関するコメント（産地、栽培方法、栄養素、食べ方や調理法）を見て購入するようにしている
- 品質保証番号があるか確認している

上手に選んで、賢く食べて、デトックス

　今や食品添加物の入っていないものはほとんどないため、生きていく限り添加物とは付き合っていくことになります。そこで、近隣の大学（健康栄養学科）の先生や保護者が実践しているデトックスの方法について、意見をいただきました。

(1) 食べるときに自分で注意できること
・食品表示を確認する癖をつける。
・発色剤・合成保存料・化学調味料をなるべく使っていないものを選ぶ。
・同じようなものを食べ続けない。（同種の添加物を多量にとるとよくない）
・生産地を確かめる…輸入する国によっては日本で許可されない農薬が使われていることがある。
・できるだけ地元のもの・季節の食材を食べる。
・輸入されたオレンジやグレープフルーツ、レモンはよく洗う。皮を食べない。
・お茶は、自分の家で沸かしたものが安くて安全。ごみも減らせる。

(2) 調理のときに気をつけるとよいこと
・食品添加物は水に溶け出す性質があるので、熱湯にくぐらせたり、ゆでこぼしをしたりすることでかなり減らすことができる。
・ウインナーは切れ目を入れてゆでてから焼く、ハムは湯にくぐらせる。
・ゆでることで食品内の亜硝酸塩が外に溶け出す。
・切り込みを入れてゆでることで　より多くの亜硝酸塩が溶け出す。
・ラーメンは別に作ったスープに移す（ゆでた湯にスープを入れない）。

(3) 食べ方の工夫
・食べ物をよくかむ：唾液の酵素が添加物の害を消してくれるから。
・海藻や食物繊維をしっかりとり便秘を避ける（体内残留時間を減らす）：毒素の多くは、便とともに排出されるから。便秘をすると、体内に入った添加物の排せつに時間がかかるから。
・水分を十分とり、食生活に気をつけ、入浴と運動を心がける。

摂取してしまった食品添加物をデトックスする食べ物ベスト１０

①**柑橘類**：ビタミンＣを多く含むため、強力な抗酸化作用が期待できる。

②**ベリー類**：ビタミン、抗酸化物質、ミネラル、食物繊維が豊富で腸内環境を整えてくれる。

③**クレソン**：天然の利尿作用があり、ビタミンＢ、亜鉛、カリウムを豊富に含み、体の毒素を排除してくれる。

④**りんご**：食物繊維やビタミンが豊富。フロリジンという抗酸化物質が胆汁の生産を助け肝臓の働きを高める。

⑤**玄米**：ビタミンＢやセレン、マグネシウムや食物繊維が豊富で腸をきれいに掃除し、肝臓を強める解毒作用がある。

⑥**生姜**：消化不良を改善し、ガスの停滞やガスによる腹痛を緩和する。

⑦**キャベツ**：スルフォラファン、グルタチオンという抗酸化物質を含み、体内にたまった化学的毒素を排出してくれる。

⑧**ガーリック**：白血球を増加させるアリシンを含み、免疫力をアップさせる。

⑨**ブロッコリーの芽（スプラウト）**：発がん物質を抑える解毒酵素を活性化する。

⑩**オメガ３オイル**：亜麻仁油、アボガド油、オリーブ油などは、腸壁を潤滑化し、毒素を吸収して排出してくれる。

《食添ライフ　http://shokutenlife.com 》から引用

　食品添加物が身近にあふれていること、食品を何日か保存したり店で売ったりするためには食品添加物が必要なことがわかりました。食生活を豊かにするために作られた食品添加物ですが、できればあまりとりたくないものです。加工食品やおやつを選ぶ際に気をつけること、食べ方の工夫もわかったので、これからは日頃から身近な食品に関心を持ち、上手に選んで、工夫して、賢く食べてくれることを願っています。

　お金をかけなくても、特別に大変なことをしなくても、日頃の生活でちょっと意識するだけで、ずいぶん違いますよ。

連載 親と子の"心のSOS"

「寂しさ」の触れ合い方がわからない 「神戸・座間」事件

子ども家庭教育フォーラム代表 富田富士也

■ 神戸と座間の事件をつなぐ 子育て環境

「猟奇的事件」が神奈川県座間市で起きました。ワンルームのアパートで殺害、切断された遺体の9人のうち、10代が4人、ほかの5人は20歳から26歳で、そのほとんどは女性です。

最初に報道されたのは執筆している今日から20日ほど前です。そしてここ数日は大相撲での暴行事件がトップニュースとなり、座間の事件は新聞の片隅に小さく掲載される程度です。

報道が出始めた頃に私が思い出した事件は20年前の神戸連続殺傷事件の「少年A」でした。あのときも「猟奇的犯行」という表現が飛び交っていました。ただ犯人逮捕にかなりの時間がかかり「まさか子どもが…」という意外な展開でした。そして犯行動機が時代のキーワードにもなった「ぼくはいつも透明な存在だった」というものでした。生きているという存在感、実感がつかめないという意味でした。

今回の事件はSNSを利用しての犯行ということもあってか、追跡、逮捕は比較的速やかだったみたいです。そして逮捕された27歳の男性は「生きている意味がない」という日々を過ごしていたようです。ふり返って見れば神戸の事件が世の中を震撼させた

頃、この男性も学齢期にあって、きっと「少年A」の起こした事実を知り、その自我形成に影響を受けていたことと思います。

ただ座間の事件の報道では、被害者の背景に比べて、男性容疑者の人格形成にはほとんど触れられていません。したがって、神戸の「少年A」の供述と照らして語ることはできません。しかしこの20年間に、容疑者、被害者の「子ども」時代も含めて、今の若者の子育て環境はどのように変わってきたのかを考えてみると、「少年A」の供述をあらためて読み直しておく必要がありそうに思えるのです。

■ 解剖や空想で リアルな自分を確認する少年

「少年A」は両親に「待ち望まれて生まれた」子で、弟たちと比較して「厳しくしつけられて成長」したそうです。そのためか母親には「自己の感情」を素直に出せず、「決して親に甘えない、遊びに熱中できない、しつこい弟いじめ」などをくり返していたのです。そして小5のときに同居していた祖母が亡くなります。祖母は「厳しいしつけを受けていた少年を時にはかばってくれ、少年は祖母の部屋に逃げ込んだりしていた」のです。

このあとから「ナメクジやカエルの解剖」が始まり、小6では猫を捕まえて解剖してい

連載 親と子の "心のSOS"

たのです。さらに中学に進学すると「猫殺しの欲動が人に対する攻撃衝動」となります。しかし、「現実に人を攻撃すれば罰せられるため、その後2年近くは殺人の空想にふけることによって性衝動は空想の中で解消され、抑えられていた」のです。

次第に「教師に心を開かず、友だちと遊ぶこともなく、タンク山で一人で遊び、自宅でも一人で昼間からカーテンを閉めて薄暗くして過ごし、雨の日を好み、殺人妄想にさいなまれていた」のです。

そして連続殺傷事件が4カ月の間に起こされていくのです。

小6のとき「少年A」は泣きじゃくりながら、1回だけ先生にSOSを出します。

「何をするかわからん。このままでは人を殺してしまいそうや。お母ちゃんに泣かれるのが一番つらい。お母ちゃんは僕のことを変わっていると思っている」

しかし少年の供述調書を読んでも母親や先生にはこのSOSを本気で受け止めることはできなかったようです。「まさか」「そこまでは…」と考えにくかったのではないでしょうか。

さらに少年は小6になると、「殺しをする自分に対し酒鬼薔薇聖斗という名前を付けて切り離したら一時的に気持ちが楽になった」と供述します。

この「神戸事件」から子どもたちの生活が急速にネット社会に変化していきます。

■ 傷つかないはずの ネットの先にあるものは

今の幼児たちが「スマホネイティブ」といわれるように、座間事件の容疑者、被害者は「ネットネイティブ」の若者たちです。つまり生まれながらにしてネットを生活の必需品として暮らし育ってきたのです。

「情報」伝達でしかないはずのネットが「会話」「対話」機能を持つことで、そこにリアルな人と人とのつながりを与えてくれるのです。それも「生身」の関係ではなく一方的に切断可能な手軽なやりとりとしてです。

とりわけ「死にたい」というネットでしか言えないような現実の中で個別な訴えを個別に受け止めてくれるSNSの交流は「透明な存在」を「あなたも存在していい」と肯定しているのです。聞いてくれるだけでいいのです。だからまさか殺されると思ってアパートを訪れた被害者はいなかったでしょう。

「死にたい」「殺したい」は「寂しい」という思いが表現を強くして吐露されたものです。

他者との「生身」の関係を社会化する日常がネット・情報化時代ゆえに意識して築かれなければ「猟奇的事件」は「スマホネイティブ」にも起こりかねない気がします。

子どもの成長を支援する健康相談

「依存先」を増やし、主体者として自立していく子どもを育てる
～困り事を有効に活用して伴走する～

養護実践研究センター　大谷尚子・中川裕子

　子どもを育てるということは、子どもが一人前になるようにすることであり、「自立」できるようにすることです。この「自立」ということについて、小児科医である熊谷晋一郎さんが「自立は、依存先を増やすことだ」と、自らの脳性まひによる障害者の立場を踏まえて述べています。これまでは、「自立」を「依存」と対立的に捉えて、大人は、周囲から独立して「責任」を負える孤立した像を、自分にも子どもにも押し付けようとしてきたきらいがあるように思います。

　でも、この熊谷氏の論でいえば、子どもが「自立」した人になるためには、まずは、「依存」できることを体験的に学ぶことが大事で、それによりたくさんの「依存先」を確保することなのだということです。

依存先のあることを教えてくれる友だちの存在

　学校で子どもに力をつけることの一つは、（上手に）「依存」することができるようにすることです。一人で頑張ることを強要するだけではダメだということです。そして、学校では、依存する相手が大人である教職員だけではないということ、同じ仲間である同級生や上級生など、自分の周りにいる子どもたちの存在をしっかりと認識させることが大事なように思います。

　子どもはそれぞれ課題を抱えています。その課題を乗り越えていくために、大人だけではなく、友だちの力を借りていくこと、一緒に問題解決の過程を体験していくことで、「依存」を知り、「自立」につながっていくということを、事例を通してみていきましょう。

　小学1年生のA男は、病弱でぜんそく発作が心配なので両親の送り迎えで通学したいこと、発作のために欠席がちになることなどが入学前に学校に伝えられ、新学期が始まった。内科検診で聴診器を当てようとすると恐怖におののき、歯の検診でも口を開けられず体をこわばらせ拒否をした。さまざまな行事や体育館への移動など初めてのことには、口いっぱいに唾をため込んで、不安で緊張している様子であった。

　養護教諭は毎日、送り迎えをする両親とA男に「今日もゼイゼイしなくてよかったね。学校に来れてよかったね」と言い、「明日も待っているよ」と伝えた。また一方で、学校で発作が起きたときの態勢をつくるために、主治医の意見も交え、家族やA男と話し合った。

　学校に慣れてきたA男に、養護教諭は「発作を減らすために運動も大事だから」と、登校班で友だちと歩いて登下校することを提案した。A男は当初、「ええ～」

と困惑の表情を見せた。「試してみよう。大丈夫。下校はお母さんの仕事が終わって家にいる時間だから、ゼイゼイしたらすぐに連絡できるから」と養護教諭が言うと、少しは安堵の表情を示したものの、その後もＡ男は「いや、ここが心配…」と言い出し、養護教諭とＡ男のやりとりは続いた。

あるとき、Ａ男は「発作が起きたら登校班の誰も助けてくれないよ」と言った。早速養護教諭は、下校時にＡ男を登校班のメンバーや班長と引き合わせ、自分は何が心配かを伝えるよう要請した。その心配事を聞いた班長が、「途中には○○ちゃん家や△△くん家もあり、すぐに大人に連絡できるから大丈夫。僕のママは看護師で、夜勤明けは家にいるし」と言う。同級生は「畑にも大人はいっぱいいるよ。うちにもママいるよ。携帯番号も知っているよ」、別の児童は「うちのママは集合場所に弟を連れていつも来ているよ。連絡してもらえるよ。だから大丈夫」とＡ男に語った。養護教諭も「しばらくの期間、下校指導は必ず誰か先生がつくよ」「この班（Ａ男のいる班）は、私が担当だから、練習をしてみよう」と語った。そのようなことがあって、Ａ男の集団下校が始まった。

その道すがら、「もしここで（Ａ男が）ゼイゼイしたらどうするか？」などと、Ａ男や班員に投げかけ、具体的な行動策を出し合い、「そうだね」と確認し合った。こうしてＡ男は、かぜや不調の日以外は集団登下校ができるようになり、班長が休みでも養護教諭以外の教員が担当者でも不安を示すことはなくなった。

そのうち、Ａ男は朝の集合時刻が守れないことが続き出した。上級生が「みんな長く待たされるのも嫌だし、自分たちが遅刻するのもＡ男の遅刻も心配だから、頑張って5分早く家を出なよ」とＡ男に提案した。Ａ男は「は〜い」とばつの悪そうな表情を見せながらも納得し、従った。

子どもたちは周囲の大人の生活を見ており、どういうときに大人が、自分たちを助けてくれるか（依存できるか）を把握していたのです。Ａ男は自分一人が頑張らなければならないと思う必要はなかったし、自分の親の支援がなければ対処できないということではないということを、周りの子どもたちから教えてもらったのです。子どもが何か困った事態になったら助けてくれる人たちがいるんだよと。自分の親だけを頼りにするのではなく、友だちの親も、Ａ男にとっての助け手になれるよと。Ａ男はどんなに安心したことでしょうか。「依存先」は、家族だけではないということがわかったのです。「依存先」の候補を思い描くことができたのです。Ａ男のことを心配してくれている子どもたち。Ａ男の心配事、困り事を、自分のことのように受け止め、一緒に考えてくれた子どもたち。そのような周囲の子どもたちの存在があっての問題解決の過程でした。子どもたちの具体的で実際的な提案、言葉の力に感心させられます。子どもは、現実生活をよく観察しているからこそ、こういう事実を提示することができたといえます。子どもたちは、頼もしい限りです。ただし、そのような子どもの持っている力を引き出したのは、この養護教諭なのです。

困り事を子どもが主体的に取り組むためのやりとりの積み重ね

こうして、Ａ男は登下校の心配事は解消されて、日々の学校生活は安心して過ごせるようになってきた頃、次の「困り事」がＡ男のほうから提起されるようになりました。

体育館での行事や運動会の開・閉会式などの儀式は緊張して参加を渋っていたＡ男であったので、養護教諭のほうから何が心配かと尋ねてみた。Ａ男は「口いっぱいに唾がたまる」と応じた。そのＡ男の困り事を一緒に考えようと養護教諭は提案した。

　「ドキドキするとたまるんだけど…」「たまったらどうしようか…」と状況の確認と、具体的対処法について一緒にあれこれ言い合った。そしてＡ男は「水道（手洗い所）に行く」という案を出してきた。ただ、儀式の最中にその場に出て行くことはさらに緊張を要することになり、困難さが予想される。そこで、養護教諭は「それもいい案。いつ出てもいいよ」「出てこられないときのために、唾を入れる袋をポケットに入れておこうか。どうだろう」と提案した。バス酔いのときに用いる嘔吐袋を提示したら、Ａ男は「目立ちすぎだよ」と応じた。そこで、さらに「どのくらいのがいいのだろうね」と話し合った。最終的には、半分折りにしてポケットに入るものに落ち着いた。そしてそれを一緒に作った。ティッシュペーパーをポケットに忍ばせることも考えついた。この小道具により、Ａ男は安心して行事などに参加できるようになった。

　しかし、周囲の子どもたちにとっては、袋にとはいえ唾をその行事中に吐く行為は受け入れ難く、反感を買うことになった。そこで、学級担任が子どもたちに説明をしてわかってもらった。

　子どもから「困り事」を言われたとき、子どもの困り事は多種多様であり、最初から養護教諭の側が「正解」のような解決策を持っているわけではありません。でも、「一緒に考えよう」と子どもに応じ、一緒に問題解決に向かっていくことが大事です。Ａ男と養護教諭はあれこれ考え、言い合い、そのやりとりの中から、一つの解決策を見いだしたのです。これは、養護教諭がいい案を示して、その案にＡ男が従ったということではありません。Ａ男が積極的に解決策を考え、Ａ男自身が解決策を見いだしたかのようです。要は、子どもの側に、解決策が用意されていたともいえるでしょう。Ａ男が何とかしたいと自覚し、その問題解決に向かって、Ａ男が主体的に最良だと思える案をＡ男が選び取っているのです。養護教諭はあくまでもその決断や実行に移す過程での伴走者です。そして、その選択した案を実行して支障が生じた場合は、大人が陰で動くことになります。自分が決定・選択したことをＡ男が否定的に捉えたり、自信を失うような事態に陥ることのないように配慮しながら、補佐していくのです。

　一方、子どもたちは担任の説明により、自分たちの仲間であるＡ男の困り事を理解し、仲間として見守ることができるようになれたということです。養護教諭をはじめ大人たちの働きは、子どもが持っている力を引き出したのです。これこそ、educate（引き出す）という語源をもつeducation（教育）の営みといえるでしょう。

子どもの主体性を尊重しながら枠を提示すること

　Ａ男が養護教諭に困り事を安心して語れるようになってきたある日、学校で調子が悪くなり、早退するまでの間、保健室で母親の迎えを待っているときがありました。そんな折に、「じつは宿題で、環境の絵を描くことになっているのだけれど、どうしていいかわからない」と言い出しました。新たなＡ男の困り事が吐露されたのです。

　Ａ男はランドセルから半分折りの真っ

白い画用紙を取り出し、本当に困った顔をしていた。「A男は何が描きたいの」と養護教諭が尋ねると、A男はきちんとしたイメージを持っていて「〇〇川で気持ちよく泳ぐ魚を描きたい」と答えた。どこから描き始めていいのかに困っていて、手が止まっているようだった。そこで養護教諭は、川の枠を書いてあげると、「そうだ」と言って、虹色の魚を描き始めた。そのA男の姿を見て養護教諭は、A男には枠が必要なのだと気がついた。

その様子を、担任をはじめ職員に話し、A男が予定を立てたり、文章を書いたりするときにも、「枠」の考え方を使うことができた。

　子どもにとっては、「なんでも自由にしていいよ」という大人の指示は、子どもの主体性を尊重しているようでありながら、じつは子どもにとっての困り事を生産させていくことになっていくという例になります。「自由」というものが、放任や放ったらかしになってしまって、子どもの困惑を生み出しているのです。子どもが自由に絵を描くためには、何かが必要だったということで、このA男の場合は、枠だということになります。子どもが描きたいと思っていることを自由に描いていくためには、さらに何が必要なのか、子どもとのやりとりを通して把握していく必要があります。すぐに、絵を描ける子どももいるでしょうが、A男にとっては、自由に描くためには、自由にさせられては困ったのです。子どもの主体性を尊重するために大人の介入はできるだけ排除したほうがいいという考え方がありますが、子どもによっては枠組みの中での自由が必要だということです。子どもと養護教諭のやりとりによって解決策が見えてきたからでした。「これでどう？」という大人側からの問いかけに対して、子どもの方から「うん、それでいい」という応答が、具体的な行動によって示されています。

主体的な取り組みの中に見る「依存」

　こうして、A男はぜんそく発作で入院することもなく1年が過ぎ、教職員と家族（両親、祖父母）やA男との間には信頼関係が築かれるようになり、順調に1年が過ぎました。そして2年生の終わり頃、授業の際、A男の面倒をよく見てくれた（算数の取り出し授業など）管理職の異動が報告されました。A男は、離任式で花束贈呈をする役をしたいと手を挙げました。そして、いざ当日になると緊張して、何回も式の会場となる体育館を出たり入ったりしていましたが、例の唾吐き用の袋をポケットに準備しておくことで、その役は無事成し遂げることができたのです。これで、学校に入学した当初から抱えていたA男の困り事は、なんとか解決の見通しがつくようになったといえるでしょう。

　このようになるには、養護教諭がA男との間にやりとりをくり返してきたことが特記すべきことだと思われます。A男の不安の背景や要因を考え、不安を抱えながらも行動できる方策を共に考えてきた日々でした。A男にとっては、困ったことがあれば一緒に考えてくれる存在であった養護教諭だったのです。

　しかしながら、学年が進行したA男にとって、これまでと同じ養護教諭の姿でいいのだろうかと、養護教諭は考え始めました。

　「依存先」はたくさん確保したほうがいいのですが、子どもの側に主体性が必要なのであり、受け身や従属的であっては自立にはつながらないと思ったのです。そこで、次に出てきたA男の困り事をきっかけに、その問い直しをはかり、軌道修正をはかることになり

ました。

　4年生になると授業の進度がスピードアップし、学習内容も難しくなってきたので、Ａ男にとっては学校生活がつらくなってきたようだった。家で「厳しい、厳しい」と言うので、母親が心配して、学校に相談しに来たこともあった。そこで、養護教諭はＡ男に何に困っているのかと尋ねてみた。すると、説明・指示のテンポが速すぎて、こんがらがる、やっとの思いで解いたのにすぐに次の課題が出て焦ってしまうという。

　授業のテンポの速さがＡ男の困り事であることがわかったので、養護教諭は「いま考え中だから、もっとゆっくりやってほしいときはどうしたらいいの」とＡ男に尋ねた。するとＡ男は「なかなか口では言えない」と言う。「でも、ゆっくりやってもらいたいときがあるのでしょう。ゆっくりなら解けるときがあるのでしょう。自分で解きたいから時間をくださいということを、言葉でなくてもいいから、伝えないと損だよ」と伝えた。

　しばらくしてＡ男が考えついたのは、ウサギとカメの絵を描いて見せる案であった。養護教諭は、Ａ男がその絵を描くのを待って、今度は、授業担当者の所に行って、自分でその説明をし、事前に了解してもらうようにと提案した。Ａ男はその提案を受け止め、やるべきことを達成させた。授業担当者との関係を築いたＡ男にとって、授業がわかって楽しいものに変わっていった。また、厳しいことを要求する教員を受け入れられるようになった。

　この頃から、保健室来室時には下級生や他者に対して、「どうしたの」と声をかけたり、話を聞いてあげたり、他者を気遣うゆとりが出てきた。また、学校の中のいろいろな教職員や級友・上級生に注意されても緊張しすぎることはなく、「なんで？」と聞き返す場面も見受けられるようになった。

　「依存先」を増やすことは、他者との関係ができることでもあります。Ａ男は確実に、人と人との関係を築いていっています。自立に向けて、着実に歩んでいるといえますね。

すぐに使える健康教育教材
好評 **からだノート** （小学生用）

　身近な心身の健康問題について、子どもたちが自らの力で適切に対応できる能力と態度を育てたい。
　本書はイラストを主体に多様な指導方法を駆使した「ワークシート」形式になっており、子どもが楽しく学ぶことができる。

CD-ROM付

田中久美子著
B5判　88ページ　定価1,680円（税込み）
ISBN 978-4-7797-0274-7 C0037

(102-0071) 東京都千代田区富士見1-5-8 大新京ビル
URL:http://www.kengaku.com
株式会社 健学社
TEL 03(3222)0557
FAX 03(3262)2615

いのちの教育

幼稚園・小学校の実践から〈いのち〉の教育を考える

奈良学園大学　松田智子

はじめに

　幼稚園児に、「いのちはどこにありますか」と尋ねると、心臓を押さえたり頭を触ったりします。いのちとは、大切なものと思っていますが、具体的に何を意味するかはわからないことが多いからです。幼児が直接的に〈いのち〉に触れる機会は、飼育活動です。本稿では幼稚園のウサギの飼育を通して〈いのち〉を考える実践を紹介します。
　また、小学生になれば、親と離れての登下校が始まります。登下校中の子どもを襲う悲劇の要因は、自然災害から人的災害までさまざまです。子どもが危険回避のために、校区において自律することが必要です。本稿では、〈いのち〉を守る認知地図を形成する、生活科単元を紹介します。

幼稚園の実践

　時間割にとらわれない幼稚園だからこそ可能な、子どもに〈いのち〉を考えさせる飼育活動を紹介します。園で飼育係をする目的は、係活動の責任感や集団での役割意識を育むことです。年長児から年少児へウサギの世話が引き継がれ、年長児としての意欲も向上します。

（1）ウサギのお世話当番

　年長のS担任は、4月になってもウサギの当番を決めません。ウサギの世話を、子どもの自主性に任せることで出発しました。4月中には、年長になった意欲も影響し、クラスの多くの子どもがウサギの世話をしました。5月に入っても、ウサギの世話をまだ一度もしていない幼児には「ウサギが怖いから」「遊びたいから」「臭いから」とさまざまな理由がありましたが、担任は、「5月中に必ず一度はやってみよう」と誘いました。すると「怖い」と言っていた幼児も、友だちに励まされ取り組むようになりました。
　実際に触れ合うと「怖くなかった。明日もしてみようかな」と声が出ました。「面倒くさい」というA児以外はクラス全員が当番を体験しました。しかし、A児は5月の終わりに「今日、お当番する」と自主的に申し出ました。当番後、担任が感想を聞くと「臭いし汚いし、2度としたくない」との返事です。S先生は、「そうか、大変ね」とA児の正直な思いを受け止めました。
　6月に入ると、B児が「お当番を決めて順番にする方が、ウサギさんも安心する」と言いに来ました。これを機会に、ウサギ当番をどうするか話し合うことにしました。

（2）話し合い活動

> B：時々だれもお世話をしない日があって、先生から「今日はだれかな」と教えてもらうことがあったでしょう。私は、ウサギさんが安心するから、お当番のグループを決めたらいいと思う。
> C：お隣のクラスは、前からそうしてお世話しているよ。

いのちの教育

D：だったら、4人ずつぐらいで当番はいいんじゃない。
（クラス全体にはBの提案に賛成する雰囲気が漂っていた）

T：A君は、どう思う？
（担任はAの顔をのぞき込むが、Aは無言で動かない）

T：したくないの？
（Aは黙ってうなずく）

E：ダメだよ、そしたら、うさこちゃん死んじゃうよ。

F：大きい組になったら、嫌なことでも頑張らないといけないこともあるんだよ。
（自分たちに言い聞かせるような発言が続くので、Aに理由を言うように促す）

A：だって臭くても、僕だって頑張って1回したよ。

G：A君がお世話しないと、うさこちゃんが悲しいと思うよ。

E：A君が竹馬を取りにいったときも、A君を見たらうさこちゃんが、後ろを向くよ。

H：もう一度してみたら、お世話に慣れるのじゃない。

S：できそうかな。
（無言を続けるAをのぞき込んでS担任が尋ねる）

A：したくない。

F：卒園式で、大きい組さんから当番をまかされて『はい』とA君も返事したんだよ。

I：お掃除したり、ご飯をあげないと、うさこちゃん死んでしまうんだよ。

J：そうだよ、うさこちゃんの命が終わって死んじゃうのはいいけど、ご飯あげないで死んじゃうのは悲しいよ。

I：死んじゃうと、もううさこちゃんに合えなくなるんだよ。

K：A君ならできるよ。

L：私は、A君にやってほしいな。

A：わかったよ、やるよ、やるやる。

話が、A児を責める言葉から期待に変わったこと、目的が義務からウサギの命に変わったことがA児の心を動かしたように思えた。

（3）その後のA児

その後、A児は「やっぱり臭いな」と言いながら小屋の掃除をしつつ、大きなウサギを抱いて隣の小屋に移していました。やがて「何だか僕、今日もお当番がしたくなっちゃった」とS先生に言いに来ました。仲間からは「重くて大きいウサギを抱っこできるなんてすごいね」「A君、あんなに嫌がっていたのにね」「ウサギさんもうれしそう」A児を認める発言が続きました。

S担任が幼児に当番を指示することからスタートすれば、A児は規則に従い、いやいやでも形だけは参加したでしょう。しかし、子どもたちが「なぜうさぎの世話をするか」から〈いのち〉について考える機会を持つことはなかったでしょう。あえて当番を決めずにトラブルについて話し合わせ、"ウサギの世話をすることは、義務だけでなく、いのちを預かること"だと気づかせる取り組みです。これは時間のかかる実践なので、遊びと教育が一体となった幼稚園だからこそ可能なのです。

小学1年生の実践

小学校への入学は、子どもにとって自分自身の成長を実感できる節目です。大人に依存していたときから、同世代とのつながりを軸とする世界に入っていきます。生活面での大きな変化の一つに、校区の存在と徒歩での通学があります。保育所や幼稚園での行き帰りは、大人の保護がありましたが、これからの登校は近所の上級生についていき、帰りは一人で帰ってこな

ければなりません。幼いときから住み慣れた地域であっても、今までは大人の後をついて動いていただけなので、子どもの中に認知地図は形成されていません。小学1年生にとって、通学路の認知地図の形成は、自らの命を守るうえでの大きな課題となります。

　アメリカの精神分析学者エリクソンによれば、幼児期は自律性や自主性が達成される時期であり、食事や排泄といった基本的生活習慣が身に付き、自発的に目標を立てられるようになるそうです。ですから、入学後に一人で登下校をするという環境の変化により自主性が育つのではなく、入学までに培った自主性を発動させる機会が登下校なのです。

　1年生の生活科学習内容に「安全な通学路」が、自然災害や交通事故による子どもの負傷や死亡事故を受けて取り入れられました。これは歓迎するべきことですが、扱う時間が短いうえに基本的な姿勢は、事故や事件から身をかわす対処療法的な内容です。子どもの根本的な成長につながる、通学路の認知地図づくりには結び付いていません。本稿では、子どもの視点に立った認知地図を形成する「楽しい帰り道」という単元を紹介します。

（1）「楽しい帰り道」の全体計画（全10時間）
実施時期：1年生6月ごろ

・第1次　友だちの家に行こう（1時間）
　友だちの家に行った楽しさを話し合い、パス（通り）に沿ってその行き方や場所を説明する。さらに、実際に足を運ぶことや、ノード（交差点）、ディストリクト（公園・広場）、ランドマーク（目印になる目標物）のある絵地図の必要性に気づく。

・第2次　目印の入った特大絵地図を見ながら、4つの通学路を歩こう（4時間）
　通学路のパス、ノード、ディストリクトを確認し、自分のランドマークを見つけて、絵地図の見方を知る。自分の通学路の良さを見つけて、絵地図を見ながら友だちに説明する。

・第3次　友だちの通学路のおすすめを見に行こう（4時間）
　通学路で、友だちがおすすめした所へ行って、その後にパス、ノード、ディストリクトを確認しながら、地図上で歩いたところに色を塗ったりふり返ったりする。

・第4次　いつもと違う通学路を通って、家に帰ろう（1時間）
　友だちから紹介されたおすすめの通学路を通って、いつもと違う通学路で家に帰ることができる。それをふり返って、友だちと交流する。

（2）子どもの学習の様子
　第3次の、友だちに通学路を案内してもらったふり返りの文章を、3人紹介します。

A：「きいろみちだったので、ぼくのうちをあんないしました。がっこうのまえのさかみちを　まっすぐいくとつきます。こうえんとかテニスコートとか　あそべるばしょがあります。そのことを　おしえるのを　わすれたとおもいました」

B：「きいろみちです。がっこうからまえにいって、ぱんやのとこをみぎにいって、はしをわたって、それからまたおなじみぎにいきました。つぎは、こうえんをみぎにまがって、それからつぎにＴさんのいえのまえをひだりにいって、それからまえにいって、かわのところでおわっちゃいました」

C：「あかみちで　さいしょはＳさんのいえにいきました。いえのうしろははやしがあって　はいってみたら　かきのきがあって　まえにおてらが　しいんとたっていました。こうえんでやすんでから　まっすぐいくとＫさんのいえにいきました。さかのとちゅうの、しろっぽくておおきなマンションでした。まえにいくと　つぎにふみきりをわたって、Ｍさ

いのちの教育

> んのいえにいくと、しかくいかたちでした。ふみきりがちかいので、うるさいとおもいました」

　子どもたちは、自分の目で見た場所を記憶にとどめ、それを目印に絵地図に記入しようとしていました。一人ひとり校区の通学路を描いた絵地図を持ち、自分が歩いた道をたどりました。子どもが友だちを案内することを楽しみつつ、その必要感から通学路の認知地図の形成をすることを狙いとしています。

　1年生が通学路の絵地図を作成するのは不可能ですが、体験的な活動をくり返しながら指導すれば、絵地図の使い方や読み方を身に付けることは可能です。空間的な自分を取り囲む環境や情報を認知し、心の中の地図、頭の中の地図を形成することは可能となります。パス、ノード、ディストリクトはもちろん、子どもの視点のランドマークが明らかであれば、一層簡単に形成できます。

　子どもの視点でのランドマークとは、大人の想像するランドマークではありません。それは、いつも挨拶をしてくれる赤い屋根のおばさんだったり、大きい木のある犬の家だったり、甘い香りがするパン屋の看板だったり、子どもにもトイレを貸してくれる店のとんがり屋根だったりと、子どもの生活にとって必要感あふれる身近なものです。それらを活用し、通学路の認知地図形成の一歩を踏み出すのです。

授業をふり返って

　日常生活で、自分の実際にいる場所を判断し、目的地までの距離や方向などを判断する必要に迫られるときに認知地図を用いますが、これは突発的な自然災害時には子どもの命を守るうえで不可欠です。子どもは日常生活で地図を見ながら校区内を移動していませんので、遠回りしたり道を間違えたりします。しかし自分の実際にいる場所を判断し、避難場所までの距離や方向などを判断する場合に、認知地図が役に立つのです。

　認知地図の形成に関しては、子どもの発達や経験やその環境なども影響し、個人差が大きいです。さらに認知地図の獲得は、そこに居住した期間の経験にも大きく左右されるので、本実践などを通して校区に子どもを慣れ親しませることが〈いのち〉を守る根本的な近道です。

　本実践後に、子ども（40人）を対象に、質問紙法でアンケートをしたところ、下記のような結果でした。

問「絵地図を読めるようになったか」に対し、自信ある44％、まあまあ56％、自信ない0％。

問「通学路のどこからでも家に帰れるか」に対し、帰れる50％、2つの通学路なら帰れる50％、帰れない0％。

問「帰り道が楽しくなったか」に対し、楽しくなった47％、変わらない53％、楽しくない0％。

問「友だちの家に自分一人で行くようになったか」に対し、増えた66％、変わらない34％、減った0％。

問「おつかいに行く回数は増えたか」に対し、増えた67％、同じ33％、減った0％。

　授業者が狙いとした「楽しい帰り道」の実感は、昨今の不審者対応での「寄り道禁止」の動きもあり、目標達成は難しかったですが、子どもの認知地図形成のスタートは、アンケート結果より順調のように感じました。校区内で自信をもって歩く、どこからでも目的地に移動できる能力は、突発的な事故や災害に遭遇した際に、たとえ一人であったとしても、素早く第一次避難をしようとする行動力や判断力の基礎になります。

しおり先生の保健室奮戦記

栃木県鹿沼市立粕尾小学校　養護教諭　金井 詩織

「いつでもおいで」を伝え続ける

　大学時代、養護教諭の職務や保健室の役割について学ぶ際にはいつも「現代の子どもたちの健康課題は多岐にわたることから、養護教諭には『心や体の両面への支援を行う健康相談活動（ヘルスカウンセリング）』能力の充実が求められる…」といった文言を頻繁に目にしていました。保健室はもう「けがや病気のときに行く場所」だけではないんだなと、頭では理解していましたが、4年前、実際に学校現場に入って、初めてその意味を痛感することとなりました。

　前任校の旭小学校では、（私が勤務していた当時は）一日に大体15人、多いときは40人程度の保健室来室者がいました。しかし、それはあくまでも「けが」や「病気」として記録に残っている人数であり、それ以外に教室にいられず、授業中に教室を抜け出して保健室に逃げてくる子や、朝登校し「教室には入れない」と言って、まず保健室に来る子など、身体症状以外のさまざまな心の問題を抱えて、保健室を訪れる子どもたちもたくさんいました。また「けが」や「病気」の症状を訴えてくる子どもの中にも、明らかに心の問題が関係していると思われる子がたくさんおり、初めて養護教諭として現場に立ったとき、けがや病気の手当てに悩んだのはもちろんですが、それ以上に、そうした心の問題で来室する子どもたちへの対応に苦慮したことを覚えています。

　前任校は複数配置であったため、相方のベテラン養護教諭の先生が主となって、そうした子どもたちの対応に当たってくださいました。私はその姿から、子どもたちや保護者の対応の仕方や教職員との連携の在り方など、健康相談活動の基本を学ぶことができ、大変ありがたかったと感じています。しかし、未熟な私が一朝一夕には先輩の先生のようにできるはずもなく、自分がかけた言葉や対応が「本当にこれでよかったんだろうか…」と、迷い後悔することもしばしばありました。それは環境が変わった今でも変わらず、養護教諭として、もっともっと経験を積み、力を身に付けなければ！と思う日々です。

　未熟で失敗ばかりの私ですが、それでも「子どもたちのために何かできることはないか？」と考え、大切にしていることは、子どもたちが相談しやすい環境を整えることです。養護教諭は担任の先生方と異なり、児童との関わりをもつ機会は救急処置のときくらいです。そのため、多くの子どもたちと触れ合える半面、信頼関係を築くまでにはなかなか至らない…と感じたため、できる限り自分から子どもたちに救急処置以外の場面でも声をかけるよう心がけていました。また、掲示物をいろいろ工夫して、触ったり、めくったりできて、子どもたちが「楽しい！」と思ってくれるような掲示物を作り、それを話題にして子どもたちに話しかけたり、ほけんだよりを通して宣伝したりしてきました。小さなことかもしれませんが、子どもたちの方から声をかけてくれるようになったり、不登校だった子が放課後掲示物を見にお母さんと保健室を訪れてくれたりするなど、子どもたちとの関係づくりにつながっていたかな、と思っています。

　私の力不足で、歯がゆく思うこともありますが、養護教諭として「いつでもおいで」というメッセージは、これからも常に伝えていきたいと思っています。そして、できるところから少しずつ実行していきます。

みんなの心の回覧板

今回のテーマは、「薬物」。ダメ絶対ならぬ「ダメと言わない薬物教室」で、断り方、通報されない相談先、もしも打ち明けられたら？などの実践的な内容をご紹介します。

NPO法人　ぷるすあるは（北野陽子・細尾ちあき）

今回のテーマ　ダメと言わない薬物教室

細尾　私は、薬物依存症のリハビリセンター「ダルク」のスタッフもしています。そこで依存症のご本人やご家族と話したり、生活や体調のサポートをしてきた経験から、教育でどんな情報や応援があったらいいのかな？と考え、「ダメ絶対」ではなく伝えられることがあるのではと思い、今回のテーマにしてみました。

北野　芸能人が薬物で逮捕された…といった報道を見ても、社会として、依存症は支援が必要な病気という理解や情報が広がっていないように感じます。「ダメ絶対」ではなく伝えられるとはどういうことですか？

細尾　授業をしているクラスには（いないことになっていることが多いけれど）すでに薬物を使っている生徒がいるかもしれません。また、家族や知り合いに使っている人がいるかもしれません。ですから、ダメ絶対だけではなくて、相談できる場所があることも伝えてほしいのです。学校では「薬物を使ってもよいというメッセージになるから」と懸念されることがありますが、失敗しても立て直せる（薬物を使用したとしても立て直せる）、回復の希望があることも伝えていきたいです。

北野　そもそも、若いうちから薬物にはまってしまう人は、なんらかのしんどさを抱えていることが多いですよね。家庭でも学校でも居場所がなかったとか、いじめや暴力にあったり、コミュニケーションが得意でなかったり…。なんとか薬物を使ってその日を生き延びている「孤独な自己治療」という捉え方が回復支援の場では広がっています。

ヤバイと思ったらその場から逃げることを教える

北野　薬物教育で「怪しいおじさんに誘われる」という状況設定がありますが、これは現実に即していないのでは…と感じます。

細尾　若者の薬物乱用は、知らない人ではなく、恋人や友人、先輩などの身近な人に誘われて始まることがほとんどです。初回から、怖いヤクザから買うことはありません。しかし、身近な人から誘われるからこそ、キッパリ断るのは、とてもハードルが高いのです。

北野　では、具体的にどうしたらよいでしょうか？

細尾　まずは、物理的な距離を置くことです。「手を広げても届かない距離」「肩をつかまれない距離」です。身近な人から誘われるからこそ、はっきり言えないことがあります。はっきり言えなくてOK。誘われるかもしれない、なんかヤバイぞって思ったら、その場を立ち去りましょう。「今日は出掛ける約束があるから」「塾があるから」など、その場から逃げ出すための、自分を守るウソはついても大丈夫です。

北野　もし頭が真っ白になったら、何も言わなくていいから走って逃げればいい！ですね。

細尾　そうです。そしてもう1点、「薬物を使うと廃人になる」という刷り込みも危険だと感じます。実際に薬物を使っている友人や先輩は

薬物をさそわれたら

① 腕や肩をつかまれない距離をとる
② 自分を守るウソはOK
・用事をつくる（塾、買いもの、○○と約束など）
③ 走って逃げる

廃人ではなく、普通に生活しています。一度の使用で精神症状が出る人もいますが、使い続けることで進行していくのが依存症という病気です。

打ち明けられたら「ありがとう」を伝える

北野　もしも、生徒に薬物使用を打ち明けられたら、どうすればいいでしょうか？

細尾　まず「話してくれてありがとう」を伝えてください。驚いても、まずは話をしてくれた勇気を受け止めて、頭ごなしに叱らないでください。ただ、基本的に自分から話をすることはない、と思っていいでしょう。たとえば、友人や先輩などと一緒に使っているとき、断りたいと思っていても復讐が怖くてできないことはよくあります。「言ったら殺される」くらいの感覚ですし、現実にも起き得ることです。これは非常に大切な点ですが、まずその生徒の安全を確保してから、まわりへ対応してください。生徒が薬物使用について正直に言えないのは当然と理解しておく必要があります。

北野　「ドラッグOKトーク*」という、通報されない、説教されない、なんでもOKの相談先もあります。そんな情報も知っておきたいですね。電話やLINE相談もやっています。

相談できる場所があること、回復の望みがあることを伝える

北野　人間関係のしんどさや生きづらさを抱えながら、人に頼れないので、ひとりで、薬物（依存の対象）で心の痛みを一時期的に和らげて、自分を守るという行為です。回復に

大切なことは、安心できる居場所や仲間の存在。「クスリを使った」「クスリを使いたい」を正直に言っても受け止めてもらえること。自助グループが有効とされるのはそのためです。いずれも「依存症は支援が必要な病気」であるという社会の理解と正しい知識が必要です。

細尾　私は、診療所なども含めると、20年、依存症に関わる仕事をしてきました。薬物依存症の人というと、不良で言うことを聞かない、というイメージを多くの先生が持ちますが、実際に出会う薬物依存症の人は、しんどくても「助けて」を出すのが苦手な人です。ダルクの20代の当事者のスタッフに「どんな学校の先生だったら、もしかして薬物のこと打ち明けられた？」と尋ねたら、こんな答えが返ってきました。いつも怒られてばかりだったけど、「ちょっと待って、○○さんの話を聞いてください」と守ってくれるような先生だったら、と。

北野　さまざまな児童や生徒がいる多忙な現場での実践には、難しさがあると思いますが、心のどこかに留めておいてくださったら、ほっとする生徒がいるかもしれません。

……… 今回のポイント ………
● 具体的な断り方、その場から逃げることを教える
● 打ち明けられたら「ありがとう」を伝える
● 相談先を知っておく、情報として伝える

・【子ども情報ステーション byぷるすあるは　http://kidsinfost.net】の薬物依存のカテゴリーでも実践的な情報を掲載しています。
・*は、NPO法人アパリ（アジア太平洋地域アディクション研究所）のプロジェクト「ヘルス＆ハームリダクション東京」が提供しています。

研究会・セミナーのお知らせ

平成29年度 全国養護教諭連絡協議会　第23回研究協議会

◆期　　日：平成30年2月23日（金）（受付9：30～）

◆会　　場：メルパルクホール（〒105-8582 東京都港区芝公園2-5-20）TEL：03-3459-5501

◆主　　催：全国養護教諭連絡協議会

◆共　　催：公益財団法人　日本学校保健会

◆後　　援：文部科学省、（公社）日本医師会、（一社）日本学校歯科医会、（公社）日本薬剤師会、全国連合小学校長会、全日本中学校長会、全国高等学校長協会、全国特別支援学校長会、全国学校保健主事会、東京都教育委員会、（一財）東京都学校保健会、日本教育シューズ協議会

◆日　　程：

9:30	10:00	10:30		12:00	13:10		13:55		16:25	16:30
受付	開会行事	特別講演		昼食	基調講演		フォーラム		閉会行事	

◆内　　容：(1) 特別講演「発達障害のピアニストからの手紙～どうして、まわりとうまくいかないの?～」
　　　　　　　発達障害のピアニスト野田 あすかの母　野田 恭子

　　　　　　(2) 基調講演「現代的な健康課題を抱える子供たちへの支援～養護教諭の役割を中心として～」
　　　　　　　文部科学省初等中等教育局 健康教育・食育課　健康教育調査官 松﨑美枝

　　　　　　(3) フォーラム「養護教諭の専門性を生かした　子供たちの心身の健康の保持増進に向けた取組とは」
　　　　　　　コーディネーター　愛知教育大学長　後藤 ひとみ
　　　　　　　シンポジスト　　　山口県光市立浅江小学校 養護教諭　宮本 妙子
　　　　　　　　　　　　　　　　山梨県北杜市立明野中学校 養護教諭　小泉 明美
　　　　　　　　　　　　　　　　秋田県立本荘高等学校 養護教諭　村上 まゆみ
　　　　　　　　　　　　　　　　茨城県立水戸高等特別支援学校 養護教諭　山口 麻由子

◆参加費：5,000円（※領収書は、研究協議会誌に添付しています）

◆申し込み方法：(1) 参加申込期間：平成29年12月11日（月）～平成30年1月25日（木）

　　　　　　　　(2) 申込方法：現在、「全国養護教諭連絡協議会ホームページ」にて、第23回研究協議会概要を公開しています。お申し込み用紙のダウンロードは11月中旬より開始します。詳細は、ホームページ（http://yougo.jp/index.html）をご確認ください。

　　　　　　　　(3) 参加及び昼食・宿泊等の申し込みと費用の納入について：「全国養護教諭連絡協議会第23回研究協議会・参加申込案内」を参照ください。

　　　　　　　　(4) 変更・取消について：振込後の参加取消、当日欠席の場合は、参加費の返金はいたしません。欠席の場合は、後日、研究協議会誌を郵送します。

◆申し込み連絡先：日本旅行　愛知東支店
　　　　　　　　　〒444-0045　愛知県岡崎市康生通東1-3
　　　　　　　　　TEL：0564-26-1958　　FAX：0564-25-2981　　（担当：岡下信吾　白井幸彦）

◆問い合わせ先：全国養護教諭連絡協議会
　　　　　　　　〒105-0011 東京都港区芝公園2－6－8　日本女子会館5階
　　　　　　　　TEL：03-3433-5767　　FAX：03-3433-5768
　　　　　　　　E-mail：z-yougo@orion.ocn.ne.jp
　　　　　　　　HP　http://yougo.jp

研究会・セミナーのお知らせ

日本健康相談活動学会　第14回学術集会

◆**期　日**：平成30年3月3日（土）〜4日（日）
　　　　　1日目：12：00〜17：30（受付11：00）、2日目：9：00〜15：40（受付8：30）

◆**会　場**：四国大学（〒771-1192 徳島県徳島市応神町古川字戎子野123−1）

◆**日　程**：

	11:00	12:00	12:20	13:10	14:40	16:10	17:30	18:10	20:10
1日目	受付	開会式	学会長基調講演	特別講演	シンポジウムⅠ	シンポジウムⅡ		懇親会	

	8:30	9:00		10:10	10:30	11:40	12:45		13:40	15:30	15:40
2日目	受付	教育講演			一般口演 ポスター発表	総会	昼食 ランチョンセミナー 「理事長メッセージ」		ワークショップⅠ〜Ⅴ	閉会式	
		学会助成金研究発表									

◆**内　容**：＜1日目＞

- ・学会長基調講演：「チームとしての学校における『健康相談・健康相談活動』の新たな価値観の創造」西岡かおり（四国大学准教授）
- ・特別講演：「社会学からみたチームとしての学校における健康相談・健康相談活動の価値観（仮題）」森田洋司氏（大阪市立大学名誉教授、鳴門教育大学特任教授）
- ・＜シンポジウムⅠ＞「チームとしての学校における教職員・保護者等が思考する『健康相談・健康相談活動』の新たな価値観」

　＜シンポジウムⅡ＞「チームとしての学校における専門家が思考する『健康相談・健康相談活動』の新たな価値観」

　＜2日目＞

- ・教育講演：「養護教諭の存在感−『チームとしての学校』の一員として−（仮題）」四国大学企画監　前徳島県教育長　佐野義行氏
- ・一般口演及びポスター発表：一般演題及びポスター演題発表者のうち優秀な報告に対して「優秀賞」を授与する（予定）
- ・ランチョンセミナー：三木とみ子（日本健康相談活動学会理事長　女子栄養大学　名誉教授）
- ・ワークショップ
　Ⅰ．「新しい実践と理論を創造する養護教諭の研究の進め方ステップ・バイ・ステップ」
　Ⅱ．「『チームとしての学校』における養護教諭とスクールソーシャルワーカーとの連携・分担・協働の実際」
　Ⅲ．「養護教諭が行うトリアージ　―チームとしてどう命を救うか―」
　Ⅳ．学生交流「養護教諭・教諭を目指す学生の学び」【学生限定】
　Ⅴ．「実践研究セミナー」助成金研究に応募しませんか？−研究計画書作成にあたって−

◆**参加費**：1月5日までの申し込み：会員5,000円、非会員6,000円、学生2,000円
　　　　　1月6日以降の申し込み：会員6,000円、非会員7,000円、学生2,000円
　　　　　※2日目昼食代（お弁当・お茶）：1,000円（事前申込者のみ）、懇親会費：5,000円（学生も同額）
　　　　　※抄録集のみ1部：1,080円（送料込）

◆**申し込み方法**：第14回学術集会ホームページ（http://www.shikoku-u.com/14jahca/）のエントリーフォームよりお申し込みの上、期日までに上記の参加費を納入してください。
　　　　　　　　※一般演題・ポスター発表を希望される方のエントリー締め切りは、12月15日（金）です。

◆**問い合わせ先**：日本健康相談活動学会　第14回学術集会実行委員会　事務局
　　　　　　　　TEL：088-665-9388　　E-mail：jahca14tokushima@gmail.com

研究会・セミナーのお知らせ

日本学校健康相談学会　第14回学術集会

◆期　　日：平成30年3月24日（土）13：00～、25日（日）15：30～

◆会　　場：杏林大学　井の頭キャンパスA棟1階（最寄り駅：JR中央線「吉祥寺」「三鷹」からバス）

◆内　　容：テーマ：養護教諭として危機に寄り添う

昨年度から、子どもの危機にかかわる養護教諭の健康相談について取り上げている。養護教諭として子どもの心身の回復と成長を願って、子どもの危機にどのように寄り添っていったらよいか考える機会としたい。

特別講演講師：松浦正一氏（帝京平成大学）PTGの理論やレジリエンス、インフォームド・トラウマティック・ケアについても含めて、子どもの危機からの回復と成長支援についてお話しいただきます。

◆参 加 費：会員：事前申込5000円・当日申込5500円、非会員6000円、大学院生3000円、学部学生2000円

◆申し込み方法：参加ご希望の方は、郵便局の払込取扱票の通信欄に、氏名・連絡先住所・電話番号・所属（差し支えない範囲で）をご記入の上、下記宛てに参加費を送金してください。【郵便振替送金先】加入者名：日本学校健康相談学会、口座記号・番号：００１２０－３－３６２９１７。事前申込された方は、当日受付にて「振替払込請求書兼受領証」をご提示ください。事前申込締切：3月2日（金）

◆問い合わせ先：日本学校健康相談学会　事務局／河野千枝（茨城県八千代町立八千代第一中学校）
　　　　　　　e-mail：dai14kaigakujyutusyuukai@yahoo.co.jp
　　　　　　　HP：http://school-health-vol2.jimdo.com/

ザ・情報ツウ　news & book review

To Know Children's Feeling
子どもの気持ちを知る絵本シリーズ

　心の中のもやもやを、どう言葉にしたらいいのかわからない子どもたちを支えるためには、どんな方法があるでしょうか。プルスアルハは、さまざまな特徴のある子どもたちをテーマに、本人が自分の特徴を理解する助けとなり、また周囲がその子の特徴を理解する助けとなる「子どもの気持ちを知る絵本シリーズ」を発行しています。
①「わたしのココロはわたしのもの　不登校って言わないで」
②「ボクの冒険のはじまり　家のケンカはかなしいけれど…」
③「発達凸凹なボクの世界　感覚過敏を探検する」

巻末に、医師による解説を掲載。何も言えないでいる子どもに、そして子どもたちと関わる大人に読んでもらいたいシリーズです。　（編集部）

「発達凸凹なボクの世界
感覚過敏を探検する」
プルスアルハ 著
定価[1,800円＋税]
ゆまに書房（2015.9）

Color Vision Deficiency
家庭・学校でできる色弱者へのサポート術

　色は、私たちの心を豊かにし、物を区別したり判断するための情報です。もし自分だけ色の見え方が違っていたら、自分の見ている色に色名がなかったら、どんなに困るでしょうか…。NPO法人カラーユニバーサルデザイン機構（CUDO）では、さまざまな原因で色が違って見える人たちにも、色によってもたらされる情報がきちんと伝わるように「カラーユニバーサルデザイン（CUD）」を普及・啓発する活動を続けています。本書はその活動を通して、色弱の方本人や家族の方から相談されたことをまとめたものです。
　身近な題材で色弱の特徴、サポート術についてわかりやすく紹介しています。　（編集部）

「色弱の子どもがわかる本
家庭・保育園・学校でできる
サポート術」
岡部正隆 監修
定価[1,480円＋税]
かもがわ出版（2016.8.1）

☆お問い合わせ・ご注文はこちらまで　　TEL:03-3222-0557　　FAX:03-3262-2615　（健学社）

パネルシアターで楽しく保健指導してみませんか？

5分間指導に最適

パネルシアターの魅力
◎立体なので、子どもが興味を持ちやすい！
◎切り取った絵が「布に張り付く」仕組みが面白い！
◎布に張り付けながら場面を展開していくので、進め方が自由自在！記憶に残る指導ができる！
◎学習指導展開例つきだから、すぐに取り組める！

養護教諭が作った！切って張るだけですぐ使える！
保健指導用パネルシアター

『フワフワことば』と『チクチクことば』
うめちゃん's 著（小学校養護教諭自主研究グループ）

学習指導展開例つき
定価〔本体2,800円＋税〕
ISBN978-4-7797-0286-0

◎むずかしい"心の健康教育"にすぐに取り組むことができる！
◎子ども同士のトラブル発生時に即、対応できる！

『かぜにまけないからだづくり』

学習指導展開例つき
定価〔本体2,800円＋税〕
ISBN978-4-7797-0285-3

◎手洗いやうがい、早寝早起きなどの生活習慣の大切さを楽しく指導できる！
◎かぜが流行する時期の保健指導に！

『ダメ！絶対！薬物乱用防止』

学習指導展開例つき
定価〔本体2,800円＋税〕
ISBN978-4-7797-0287-7

◎薬物乱用の場面をわかりやすく指導できる！
◎パネルを自由に動かせるので、子どもたちに考えさせる授業になる！

(102-0071) 東京都千代田区富士見1-5-8 大新京ビル　株式会社 健学社
URL:http://www.kengaku.com
TEL 03(3222)0557
FAX 03(3262)2615

好評発売中の書籍のご案内

簡単 保健イラスト資料集
保健だより編集委員会 編

B5判　112ページ
定価〔本体1,900円＋税〕
ISBN978-4-7797-0414-7

CD-ROM付き

約750点ものイラストと話題を収録「保健だより」作成の強い味方！

本書の5つの特徴
◎目次でテーマがわかるので、欲しい話題・資料・イラストがすぐに見つかる！
◎各月ごとに、低学年、高学年、中学生以上向けの豊富な内容を収録！
◎2016年度からの運動器検診に対応したイラスト資料を収録！
◎すべての資料がワード（.docx）になっているので簡単に保健だよりが作れる！
◎文字部分は入れ替えられるので、先生独自の資料・掲示物が作れる！

簡単便利！からだと心の個別指導用カード
なに？　なぜ？　なあに？
学校保健研究サークル「さくら草」著

定価〔本体1,200円＋税〕
ISBN978-4-7797-0164-1

　保健室でよく見られる子どもたちの体と心の健康課題をタイムリーに解決したい。
　本書は、そのための個別指導用資料を簡単便利なカード形式にまとめました。カードは学校と家庭のパイプ役を兼ね備えています。

子どもの気になる症状と問題行動
背景とその対応法

玉川大学教職大学院教授
田原俊司 著
A5判 212ページ
定価（本体1500円＋税）
ISBN978-4-7797-0380-5

養護教諭は、子どもたちの心身の諸問題に対して「理論と実践との往還」を図ることができる力が求められます。本書は、そのノウハウを50の事例を材料に、教師と保護者、関係機関と連携しながら解決へと導く方法を考えてみます。

新刊

子どもの気になる行動を心の問題ととらえ、事例ごとに紹介

好評発売中!!

事例
・家庭では話すが、学校では話さない子
・「ネットいじめ」を受けている子
・言葉遣いが乱暴な子
など

アイデアを生かした保健教材
すぐに役立つ健康カード

養護教諭は日常に起こる子どもの健康管理、保健指導、保健だよりの作成などで、保健室経営は多忙をきわめています。資料作成などで困ったとき、この健康カードを便利に活用することができます。健康の正しい情報をイラストを豊富に使って簡潔に説明しているので、子どもにもわかりやすい構成になっています。自分の心とからだに関心をもち、知識を身につけることは、生涯の健康を考えるうえでも大切なことです。

定価：1,575円（税込み）

(102-0071) 東京都千代田区富士見1-5-8 大新京ビル　株式会社 健学社　TEL 03(3222)0557　FAX 03(3262)2615
URL:http://www.kengaku.com

編集後記

明けましておめでとうございます。

▶今月は、読者の先生からのご質問をもとに、がん教育の実際について、そして高校での通級の制度化に伴う養護教諭の役割について特集しました。高校での通級の制度化については、子どもによっても対応が異なり、また地域によっても取り組みが異なるとは思いますが、ご参考のひとつにしていただけましたら幸いです。今月の特集についてのご意見、また今後、特集として掲載してほしいなどのご要望がございましたら、お気軽にご連絡くださいませ。お待ちしております。

(細井 碧)

▶日本人の2人に1人ががんにかかる時代です。不治の病というイメージが強くある方も多いと思います。私もその一人でした。がんはもう不治の病ではありません。早期発見・早期治療で9割以上の人が治るともいわれ、生活習慣を整えるなどの予防も大切と言われています。子どもたちが正しい知識を持つことが、家族皆の大きなリスクを回避できる最善の方法と考えています。子どもにもがん教育をそのような時代になってきたのだと実感しています。

(川口裕美)

投稿のご案内

☆「わたしの保健室」にご登場いただける学校を募集しています。自慢の保健室をご紹介ください。

☆その他、こんなテーマの記事が読みたい、こんなイラストが欲しい、など、編集部までお気軽にご意見をお寄せください。

☆養護教諭の先生が発行されているオリジナルの「保健だより」を募集しております。1年分をまとめてお送りください。(粗品進呈)

☆養護教諭の研究会活動、サークル活動、会報などをお寄せください。お知らせページでの告知が可能です。

お問い合わせ・ご連絡先はこちら
Mail：info@kengaku.com
Tel：03-3222-0557

心とからだの健康　1月号　定価 本体700円 +税

平成30年1月1日発行　第22巻　第1号（通巻 第239号）

編　集　学校保健教育研究会
発行人　細井裕美
発行所　株式会社 健 学 社

〒102-0071　東京都千代田区富士見 1-5-8　大新京ビル
TEL：03（3222）0557（代表）
FAX：03（3262）2615
URL：http://www.kengaku.com
振替口座：00110-1-126226番
印刷・製本／シナノ印刷株式会社
表紙・本文デザイン／株式会社ニホンバレ

心とからだの健康
子どもの生きる力を育む

2月号 特集テーマ

知っておきたい性の悩み
◎学校における性教育と子どもの実態…………上村茂仁
◎男子の性被害とその対応方法について考える……玄野武人

連載

- 私の提言……………………………………中村　正
- 子どもの心……………………子ども家庭教育フォーラム
- 子どもの体……………………………………真部哲治
- 子どもの性……………………………………金子由美子
- 子ども健康相談室……………………………田原俊司
- ヒヤリハット体験事例から学ぶ……公立小学校養護教諭
- 今月の保健室経営……………………………山本浩子
- ズバリ！お答えします！……………………さくら草
- 養護教諭なんでも相談室……………………上原美子
- 視点を変えて考える 保健指導の進め方………五十嵐利恵
- 子どもの心をくすぐる保健教材……………東　春奈
- 学校保健アラカルト…………………………照屋博行
- 親と子の"こころのSOS"……………………富田富士也
- 子どもの声が聴こえますか…………………荻野ゆう子
- 100円ショップで作る 保健マスコット………松本絵里
- 保健室のおりがみ掲示板……………コア・プランテック
- いのちの教育…………………………………住本克彦
- クイズで健康教育………………学校保健教育研究会
- 学生と考える保健教材づくり………………八木利津子
- 保健室奮戦記…………………………………金井詩織
- 知って得する「健康の話題」…………………大星光史
- まんが「養護教諭な日々」………………なるほどみかん
- わたしの保健室………………………………西川さゆり

＊iPhone（アイフォン）、iPad（アイパッド）、GALAPAGOSで弊社の電子版を見ることができます。また、インターネットで「健学社」を検索すると、定期刊行物、新刊の立ち読みができます。

購読ご希望の方は、お近くの教材店または直接小社あてにお申し込みください。
定価：本体700円＋税　（送料92円）
年間購読料　10,176円〈税込〉

・ご希望の月号よりお送りします。
・自動継続になっております。
・年度の途中での購読中止は受け付けておりません。

ISBN978-4-7797-0453-6

冬の肌トラブル

しもやけ

症状
冷たい空気に触れている指先、耳たぶや鼻の先、さらに足の指、かかとなど靴を履いて蒸れやすい部分が赤紫色に腫れる、赤くなって盛り上がり、むずがゆさを感じる。

原因
気温が3〜5℃のとき、昼と夜の温度差が10℃以上あるとき、手足をぬれたままにするとなる。
※**真冬だけでなく、冬〜春にもなる。**

ひび・あかぎれ

症状
ひび
皮ふの表面がカサカサに乾燥して、亀裂ができた状態。水に触ると痛みを感じる。

あかぎれ
ひびよりも亀裂が深く、真っ赤に腫れ、出血を伴うこともあるので、何もしていなくても痛みを感じるようになる。

原因
気温が下がると皮脂や汗の分泌が低下し、皮ふの表面から水分が失われて乾燥しやすくなる。このときに水仕事や寒さが続くと、皮ふの表面の皮脂が奪われ、さらに乾燥が進み、ひびやあかぎれになる。

手足を温める

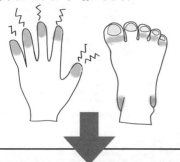

靴下をはく / マッサージする

保湿と保温を心がける

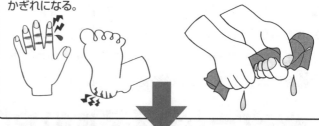

ハンドクリームを塗る / 水仕事も手袋をはめる

汗をかいたり、手を洗ったら

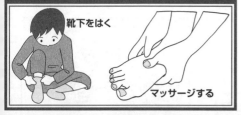

しっかり拭く

外出時は手袋をはめる / お風呂でしっかり手足を温める。マッサージする

ビタミンEで肌トラブルを予防しよう！

 かぼちゃ　ほうれん草　さけ　 いか　 赤ピーマン　 ドレッシング・マヨネーズ

ほけんだより

小学校
2018年 2月号

お家の人といっしょに読みましょう

2月になり、暦の上では春ですが、1月から2月にかけての今が1年で一番寒い時期です。

寒いとポケットに手を入れて歩いている人をよく見かけますが、転んでけがをしたり、姿勢が悪くなるので、手袋をはめるなどして温かい服装をするようにしましょう。

また、ついつい背中を丸めて歩いてしまいがちですが、背筋を伸ばして、かっこいい姿勢で歩くようにしましょうね。

2月の保健目標

冬の健康について考えよう

ゲームやスマホのやりすぎに注意！

「ゲームやスマホを片時も離さない」といわれるほど夢中になっている子がいます。ゲームやスマホをやりすぎると、失うものが多いことを知っていますか？ 使いすぎのリスクを知って、使う時間を短くするように生活を改めましょう。

睡眠時間
睡眠不足になり、体内時計が狂って、成長にも悪い影響が出ます。

失う物はこんなにたくさん…

体力
運動不足で骨や筋肉が十分に発育しません。病気にもかかりやすくなります。

視力
長い時間近くを見つづけるので目が疲れ、視力が落ちてしまう危険があります。

話す力
人と直接話す機会が減ってしまいます。コミュニケーションはとても大切な力です。

脳の働き
記憶力や思考力の発達に遅れが生じてしまいます。学力にも影響が出ます。

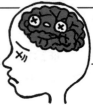

できていますか？ せきエチケット！

かぜひきさんが多いせいでしょうか。あちらこちらでせきやくしゃみの音が聞こえます。かぜを「ひかない」「うつさない」ために、せきエチケットを守りましょう。

せきエチケットのポイント

マスクの正しいつけ方

①鼻の形に合わせる

②あごの下まで広げる

③ひもを耳にしっかりかける

せきやくしゃみをするときは…
- ハンカチやティッシュで鼻と口を覆う
- 人から顔をそむける

ハンカチなどがないときは、うでなどで鼻と口を覆うなどしましょう。

つばや鼻水が手についたら…
- せっけんで手を洗う
- 鼻水がついたティッシュはすぐに捨てる。

手洗いのポイントも再確認！ 洗う時間の目安は30秒！

①せっけんを泡立てる → ②両手を重ね手の甲を洗う → ③指と指を組み指の間を洗う → ④指先とつめの間を洗う → ⑤親指を付け根から洗う → ⑥手首をねじるように洗う

洗い終わったら、きれいなハンカチで手をふくのも忘れずに！

夏だけじゃない！
冬の「脱水サイン」知っていますか？

冬の寒い時期でも、人は汗をかき、乾燥によって体から水分をどんどん失っています。また、喉の渇きなど感じづらい時期のため、水分補給をあまりしなくなるので脱水状態に陥ってしまいます。

症状
- 肌が乾燥する
- 口の中がねばねばする
- 体がだるい
- 食べ物が飲み込みにくくなる
- 足がつる
- めまいがする

→ 症状が出る前に、水分の補給をしっかりしましょう。

「水分補給」のほかに「部屋の加湿」も大切です。

ぬれたタオルを部屋にほしても加湿できるよ！

2018-1 心とからだの健康 付録

保健通信 2月

健やかな体と心のために

健やかな体と心のために

2月14日は「バレンタインデー」です。最近は、義理チョコだけでなく、「友チョコ」「自分チョコ」などさまざまな種類があり、チョコレートを食べる機会が多いですね。

チョコレートは「太る・むし歯になる」など、おいしいけれど気をつけて食べるお菓子ですが、良い効果もあります。

チョコレートの効果

- 元気・やる気になる
- 脳が活発になる
- 穏やかな気持ちになる
- 食べすぎに注意！

※カカオ分72％の高カカオポリフェノールチョコレートを毎日25g摂取した場合

チョコレートなどのカカオポリフェノールを多く含むカカオ製品を摂取すると、脳血流量が上昇することがわかっています。また、脳血流量の上昇により、認知機能テストのスコアが上昇するといわれています。

マスクの使い方

鼻と口をしっかり覆う
①鼻に合わせてワイヤーを曲げる
②あごまでしっかり覆う

2枚重ねをしても予防効果は変わらない

使い捨てマスクは、1回ごとに取り替える

捨てるマスクは、内側にたたみ、ふたのついたごみ箱へ入れる
（マスクについた菌やウイルスの飛散を防ぐ）